Prancūziško kepimo menas

100 receptų ir technikų prancūzų kulinarijos tradicijai

Edvardas Tumelis

Autorių teisių medžiaga © 2024 m

Visos teisės saugomos

Jokia šios knygos dalis negali būti naudojama ar perduodama jokia forma ar bet kokiomis priemonėmis be tinkamo rašytinio leidėjo ir autorių teisių savininko sutikimo, išskyrus trumpas citatas, naudojamas apžvalgoje. Ši knyga neturėtų būti laikoma medicininių, teisinių ar kitų profesionalių patarimų pakaitalu.

TURINYS _

- TURINYS _ 3
- ĮVADAS 8
- PUSRYČIAI 9
- 1. CREPES SUZETTE 10
- 2. FORMUOTI KIAUŠINIAI/ OEUFS MOLLETS 12
- 3. CRÊPES FOURRÉES ET FLAMBÉES 14
- 4. SHIRRED EGGS/OEUFS SUR LE PLAT 16
- 5. GRYBŲ OMLETAS SU SŪRIO PADAŽU 18
- 6. OEUFS EN PÖLYE 21
- 7. KIAUŠINIAI, KEPTI RAMEKINS / OEUFS EN COCOTTE A LA CRÈME 23
- 8. CRÊPES ROULÉES ET FARCIES 25
- 9. GÂTEAU DE CRÊPES A LA FLORENTINE 28
- 10. GÂTEAU DE CRÊPES IR LA NORMANDE 31
- 11. CRÊPES DE POMMES DE TERRE / TARKUOTŲ BULVIŲ BLYNAI ... 33
- 12. B ANANA KREMAS CRÊPE S 36
- 13. VYŠNIŲ KREMAS S 38
- 14. KUMQUAT-PECAN CRÊPE S 40
- 15. TROPINIAI VAISIAI CRÊPE S 43
- 16. LEMON CRÊPE S 45
- 17. BLYNELIAI SU CHABLIS VAISIŲ PADAŽU 48
- 18. AMBROSIA CRÊPE S 51
- 19. UOGŲ BLYNELIAI SU APELSINŲ PADAŽU 53
- 20. PAGRINDINIAI KRUASANAI 55

21. KLASIKINIAI KRUASANAI 60
22. PLUNKSNŲ DUONOS KRUASANAI 63
23. KRUASANAI GRŪDUOSE 67
24. ŠOKOLADINIAI KRUASANAI 70
25. BANANINIAI EKLERINIAI KRUASANAI 73
26. TAMSAUS ŠOKOLADO SALYKLAS KRUASANŲ DUONOS PUDINGAS 75
27. ŠOKOLADINIS MIGDOLAS CROISSANT ÉCLAIRS 77
28. ŠOKOLADU PADENGTAS BRAŠKIŲ KRUASANAI 80
PAGRINDINIS PATIEKALAS 82
29. SUPRÊMES DE VOLAILLE A BLANC 83
30. RISOTTO 86
31. HARICOTS VERTS AU MAÎTRE D'HÔTEL 88
32. TERRINE DE PORC, VEAU, ET JAMBON 90
33. ÉPINARDS AU JUS; ÉPINARDS A LA CRÈME 94
34. CAROTES ÉTUVÉES AU BEURRE / SVIESTE TROŠKINTOS MORKOS 97
35. PIEVAGRYBIAI FARCIS / ĮDARYTI GRYBAI 99
36. ESCALOPES DE VEAU SAUTÉES A L'ESTRAGON 102
37. ESCALOPE DE VEAU GRATINÉES 105
38. FOIES DE VOLAILLE SAUTÉS, MADEIRE 108
39. TIMBALE DE FOIES DE VOLAILLE / VIŠTIENOS KEPENŲ PELĖSIS 111
40. CANARD A L'ORANGE / KEPTA ANTIS SU APELSINŲ PADAŽU ... 114
41. CANARD A LA MONTMORENCY 119
42. HOMARDAS A L'AMÉRICAINE 121
43. POTEE NORMANDE: POT-AU-FEU 125
44. FILETS DE POISSON EN SOUFFLÉ 129

45. CASSULE	132
46. COULIBIAC DE SAUMON EN CROÛTE	137
47. VEAU SYLVIE	142
48. FILETS DE SOLE SYLVESTRE	146
49. RIZ ETUVÉ AU BEURRE	149
50. RISOTTO A LA PIÉMONTAISE	152
51. SAUTÉ DE VEAU (OU DE PORC) AUX CHAMPIGNONS	154
52. BOUILLABAISSE A LA MARSEILLAISE / VIDURŽEMIO JŪROS ŽUVIES SRIUBA	156
53. SALPICÓN DE VOLAILLE	159
54. POULET GRILLÉ AU NATUREL / PLAIN BROILED CHICKEN	161
55. POULET GRILLÉ A LA DIABLE	164
56. POIS FRAIS EN BRAISAGE / ŽIRNIAI, TROŠKINTI SU SALOTOMIS	166
57. POTAGE CRÈME DE CRESSON / CREAM OF WATERCRESS SOUP	168
58. NAVARIN PRINTANIER / AVIENOS TROŠKINYS SU MORKOMIS	171
59. OIE BRAISÉE AUX PRUNEAUX / TROŠKINTA ŽĄSIS SU SLYVŲ ĮDARU	175
60. ROGNONS DE VEAU EN CASSEROLE / KIDNEYS IN BUTTER	179
61. ROGNONS DE VEAU FLAMBÉS / SAUTÉED KIDNEYS FLAMBÉ	182
62. CARBONNADE DE BOEUF A LA PROVANÇALE	185
63. DAUBE DE BOEUF A LA PROVANÇALE	188
64. POTAGE PARMENTIER / PORAI ARBA SVOGŪNŲ IR BULVIŲ SRIUBA	191
65. VELOUTÉ DE VOLAILLE A LA SÉNÉGALAISE	193
SALOTOS IR PAŠANAI	196

66. MIMOZOS SALOTOS / SALOTOS SU VINAIGRETE, SIJOTU KIAUŠINIU IR ŽOLELĖMIS..................197

67. POMMES DE TERRE A L'HUILE / PRANCŪZIŠKOS BULVIŲ SALOTOS..................199

68. SALOTOS NIÇOISE..................201

69. GRATIN DAUPHINOIS / SCALLOPED POTATOES AU GRATIN.....203

70. GRATIN DE POMMES DE TERRE ET SAUCISSON..................205

71. PURÉE DE POMMES DE TERRE A L'AIL..................207

72. CONCOMBRES PERSILLÉS, OU A LA CRÈME / CREAMED CUCUMBERS..................210

73. NAVETS A LA CHAMPENOISE / ROPIŲ IR SVOGŪNŲ TROŠKINYS..................212

74. ŠPARAGAI..................215

75. ARTICHAUTS AU NATUREL / VISIŠKAI VIRTI ARTIŠOKAI..........217

76. TROŠKINYS..................220

77. MOUSAKA..................223

78. LAITUES BRAISÉES / TROŠKINTOS SALOTOS..................226

79. CHOUCROUTE BRAISÉE A L'ALSACIENNE / TROŠKINTI RAUGINTI KOPŪSTAI..................229

80. PIEVAGRYBIAI SAUTÉS AU BEURRE / SAUTÉED MUSHROOMS.232

81. MOCK HOLLANDAISE PADAŽAS (BÂTARDE)..................234

82. CRÈME ANGLAISE (PRANCŪZIŠKAS VARŠKĖS PADAŽAS)..........236

83. KREMINIAI GRYBAI..................238

84. PADAŽAS MOUSSELINE SABAYON..................240

DESERTAI..................242

85. PAŠTETAS FEUILLETÉE / PRANCŪZIŠKA SLUOKSNIUOTA TEŠLA 243

86. „VOL-AU-VENT" / „LARGE PATTY SHELL"..................246

87. CREME CHANTILLY / LENGVAI PLAKTA GRIETINĖLĖ...............249
88. CRÈME RENVERSÉE AU CARAMEL / MOLDED CARAMEL CUSTARD 251
89. LIEPSNOJANTIS SOUFFLÉ / CRÈME ANGLAISE.......................253
90. CHARLOTTE MALAKOFF AU CHOCOLAT.................................255
91. POIRES AU GRATIN / KRIAUŠĖS, KEPTOS SU VYNU.................260
92. TIMBALE AUX ÉPINARDS / FORMUOTAS ŠPINATŲ KREMAS....262
93. TIMBALE AU JAMBON / MOLDED HAM CUSTARD...................265
94. BISKVITAS ARBA ŠOKOLADAS / ŠOKOLADINIS BISKVITAS........268
95. CRÈME AU BEURRE À L'ANGLAISE / CUSTARD BUTTER CREAM271
96. TARTE AUX POMMES / PRANCŪZIŠKAS OBUOLIŲ PYRAGAS....274
97. BISKVITAS ROULÉ A L'ORANGE ET AUX AMANDES..................276
98. FARCE AUX FRAISES CIO-CIO-SAN..280
99. ITALIŠKAS MERINGUE...283
100. CRÈME AU BEURRE À LA MERINGUE / MERINGUE BUTTER CREAM..285
IŠVADA...288

ĮVADAS

Prancūziškas kepinys garsėja visame pasaulyje dėl savo subtilių skonių, sudėtingų technikų ir turtingo kultūros paveldo. Nuo Paryžiaus kavinių sviestinių kruasanų iki elegantiškų Ladurée macarons – prancūziški pyragaičiai sukelia atlaidumo ir rafinuotumo jausmą. Šiame prancūziško kepimo tyrinėjimo metu mes gilinamės į istoriją, metodus ir ingredientus, kurie daro tai puoselėjama kulinarijos tradicija. Nesvarbu, ar esate patyręs kepėjas, ar tik pradedate verslą, prisijunkite prie mūsų kelionėje po žavingą prancūzų konditerijos pasaulį

PUSRYČIAI

1. Crepes Suzette

INGRIDIENTAI:

- 3 puodeliai apelsinų sviesto
- Trinantis indas
- 18 virtų blynelių, 5-6 colių skersmens
- 2 V granuliuoto cukraus
- ⅓ puodelio apelsinų likerio ir konjako

INSTRUKCIJOS:

a) Apelsinų sviestą pakaitinkite trinančiame inde, kol pradės burbuliuoti ir mišinys šiek tiek karamelizuosis - tai užtruks kelias minutes.
b) Abi blynelio puses pamerkite į karštą sviestą, sulenkite per pusę geriausios pusės ir vėl per pusę, kad susidarytų pleišto forma.
c) Padėkite ant patiekalo šono ir greitai pakartokite su likusiais blyneliais.
d) Ant blynelių pabarstykite 2 šaukštus cukraus, užpilkite likerius. Švelniai pakratykite keptuvę, kol likeriai kaista, ir, jei jie neužsidega automatiškai, uždegkite degtuku.
e) Šaukštu užpilkite likerio ant blynelių, kol liepsnos nuslops. Patiekite labai karštose lėkštėse.

2. Formuoti kiaušiniai/ Oeufs Mollets

INGRIDIENTAI:
- 4 kiaušiniai
- Druska
- Pipirai
- Skrudinta duona arba duona patiekimui

INSTRUKCIJOS:
a) Užpildykite vidutinio dydžio puodą vandens ir užvirinkite ant stiprios ugnies.
b) Kiaušinius kiaurasamčiu švelniai įmuškite į verdantį vandenį.
c) Sumažinkite ugnį iki vidutinės ir leiskite kiaušiniams virti lygiai 6 minutes, kad trynys būtų minkštas, skystas, arba 7 minutes, jei trynys būtų šiek tiek tvirtesnis.
d) Kol kiaušiniai kepa, paruoškite dubenį su lediniu vandeniu.
e) Pasibaigus norimam kepimo laikui, kiaurasamčiu atsargiai perkelkite kiaušinius iš puodo į ledinio vandens dubenį.
f) Leiskite kiaušiniams stovėti lediniame vandenyje apie 2 minutes, kad atvėstų ir sustabdytų virimo procesą.
g) Atvėsusį kiaušinius švelniai bakstelėkite į kietą paviršių, kad įtrūktų lukštai, tada nulupkite lukštus.
h) Nuluptus kiaušinius pagal skonį pabarstykite druska ir pipirais.
i) Patiekite Oeufs Mollets iš karto su skrebučiais arba duona ant šono, kad galėtumėte pamirkyti.

3. Crêpes Fourrées Et Flambées

INGRIDIENTAI:
- ½ puodelio susmulkintų blanširuotų migdolų (tam galite naudoti elektrinį trintuvą)
- ¼ šaukštelio migdolų ekstrakto
- 1 puodelis apelsinų sviesto (ankstesnis receptas)
- 18 virtų blynelių, 5-6 colių skersmens
- Lengvai sviestu pateptas kepimo-patiekimo indas
- 3 V granuliuoto cukraus
- ⅓ puodelio apelsinų likerio ir konjako, pašildyto nedideliame puode

INSTRUKCIJOS:

a) Migdolus ir migdolų ekstraktą sutrinkite į apelsinų sviestą.

b) Ant kiekvieno blynelio apatinio trečdalio užtepkite po šaukštą šio mišinio, susukite į cilindrus ir išdėliokite į lengvai sviestu pateptą kepimo ir patiekimo indą.

c) Uždenkite ir šaldykite, kol bus paruošta naudoti. Likus maždaug 15 minučių prieš patiekiant, pabarstykite cukrumi ir kepkite iki 350-375 laipsnių įkaitintos orkaitės viršutiniame trečdalyje, kol cukraus užpilas pradės šiek tiek karamelizuotis.

d) Prieš patiekiant užpilkite šiltu likeriu ir padėkite ant stalo.

e) Uždekite degtuku ir šaukštu užpilkite likeriu ant blynelių, kol liepsnos užges.

4. Shirred Eggs/Oeufs Sur Le Plat

INGRIDIENTAI:

- ½ Tb sviesto
- 1 arba 2 kiaušiniai
- Druskos ir pipirų

INSTRUKCIJOS:

a) Pasirinkite negilų ugniai atsparų kepimo ir patiekimo indą, kurio skersmuo yra maždaug 4 coliai.

b) Padėkite indą ant vidutinės ugnies arba į puodą su verdančiu vandeniu. Pridėti sviesto; kai tik jis ištirps, įmuškite 1 ar 2 kiaušinius.

c) Kai kiaušinio dugnas sukrešės lėkštėje, nukelkite nuo ugnies, pakreipkite indą ir kiaušinio viršų patepkite inde esančiu sviestu.

d) Padėkite ant kepimo skardos ir likus minutei prieš patiekdami nustatykite taip, kad kiaušinio paviršius būtų maždaug 1 colio atstumu nuo įkaitusio broilerio elemento. Kas kelias sekundes ištraukite indą, pakreipkite ir kiaušinio viršų patepkite sviestu.

e) Mažiau nei per minutę baltymas sustings, o trynys sustings ir blizgės.

f) Išimkite iš orkaitės, pagardinkite druska, pipirais ir nedelsdami patiekite.

5. Grybų omletas su sūrio padažu

INGRIDIENTAI:

- 1 puodelis grietinėlės padažo
- ½ puodelio stambiai tarkuoto šveicariško sūrio
- ½ svaro griežinėliais supjaustyti grybai, prieš tai pakepinti svieste
- Puodas
- 3 kiaušiniai
- Druskos ir pipirų
- 1½ Tb sviesto
- Omleto keptuvė arba neprideganti keptuvė 7 colių skersmens apačioje
- Maišymo dubuo ir stalo šakutė
- Šilta ugniai atspari serviravimo lėkštė

INSTRUKCIJOS:

a) Į grietinėlės padažą įmaišykite visus, išskyrus 2 šaukštus, tarkuoto sūrio. Pusę grybų sudėkite į puodą, įmaišykite trečdalį padažo ir pakaitinkite prieš pat gamindami omletą.

b) Kai būsite pasiruošę gaminti omletą, dubenyje šakute išplakite kiaušinius, didelį žiupsnelį druskos ir žiupsnelį pipirų, kol susimaišys tryniai ir baltymai – 20-30 sekundžių. Į omleto keptuvę arba keptuvę įdėkite šaukštą sviesto, padėkite ant stiprios ugnies ir, sviestui tirpstant, pakreipkite keptuvę į visas puses, kad padengtų dugną ir šonus. Kai sviesto putos beveik nuslūgs, įmuškite kiaušinius.

c) Leiskite kiaušiniams nusistovėti 3 ar 4 sekundes, tada kaire ranka suimkite už keptuvės rankenos ir greitai judindami keptuvę pirmyn ir atgal ant ugnies išmaišykite kiaušinius stalo šakute. Kai kiaušiniai sukrešės į labai minkštą kremą, maždaug per 8 sekundes šaukštu supilkite karštus padažytus grybus per omleto centrą stačiu kampu į keptuvės rankeną.

d) Pakelkite rankeną, kad pakreiptumėte keptuvę nuo savęs, apverskite šalia esantį omleto galą ant įdaro šakute ir pakratykite keptuvę, kad omletas nuslystų į tolimąją keptuvės kraštą.

e) Apverskite keptuvę ir dešine ranka suimkite už rankenos, nykščiu į viršų. Kairėje rankoje laikykite šiltą ugniai atsparią serviravimo lėkštę. Pakreipkite lėkštę ir keptuvę kartu kampu, atremkite keptuvės kraštą ant lėkštės. Greitai apverskite omleto keptuvę aukštyn kojomis virš lėkštės ir omletas atsidurs vietoje.

f) Likusius grybus paskleiskite ant omleto, apliekite likusiu padažu, pabarstykite likusiais 2 šaukštais sūrio ir aptepkite likusiu sviestu.

g) Maždaug minutę padėkite omletą po įkaitusiu broileriu, kad sūris švelniai apskrustų.

h) Patiekite iš karto, kartu su žaliomis salotomis, prancūziška duona ir sausu baltuoju vynu arba rože.

6. Oeufs En Pölye

INGRIDIENTAI:

- 2 puodeliai vyno skonio mėsos želė
- 4 ovalios arba apvalios formos, ½ puodelio dydžio
- 4 atšaldyti virtu kiaušiniai
- Dekoratyviniai pasiūlymai:
- Švieži peletrūno lapai įmesti į verdantį vandenį 30 sekundžių
- Virto kumpio apvalios arba ovalios formos
- Triufelio arba foie gras gabalėlis arba 4 Tb kepenų putėsiai

INSTRUKCIJOS:

a) Į kiekvieną formą supilkite po ⅛ colio želė sluoksnį ir atvėsinkite, kol sustings.
b) Pamerkite peletrūno lapus, triufelius ar kumpį į beveik sustingusią želė ir išdėliokite ant atšaldytos želė kiekvienoje formoje; jei naudojate foie gras arba kepenų putėsius, ant viršaus uždėkite griežinėlį ar šaukštą.
c) Uždenkite atšaldytu virtu kiaušiniu, patraukliausia puse žemyn. Formas užpildykite šalta sirupo želė (jei želė šilta, papuošimą išstumsite); atvėsinkite valandą ar ilgiau, kol sustings.
d) Po vieną išimkite pelėsį, panardindami į karštą vandenį, greitai perbraukdami peiliu per aspico kraštą ir apversdami formą ant lėkštės, taip darydami staigų trūkčiojimą žemyn.

7. Kiaušiniai, kepti Ramekins / Oeufs En Cocotte a La Crème

INGRIDIENTAI:

- ½ šaukštelio sviesto
- 2 V riebios grietinėlės
- 1 arba 2 kiaušiniai
- Druskos ir pipirų

INSTRUKCIJOS:

a) Įkaitinkite orkaitę iki 375 laipsnių.

b) Pasirinkite porcelianinį arba ugniai atsparų stiklinį indą, kurio skersmuo yra 2½-3 coliai ir maždaug 1½ colio gylis. Sudėkite į keptuvę, kurioje yra ¾ colio vandens, ir padėkite ant degiklio; užvirinkite vandenį.

c) Į kepinį sudėkite visą sviestą, išskyrus taškelį; įpilkite šaukštą grietinėlės ir įmuškite kiaušinį arba kiaušinius. Kai kiaušinio baltymas pradės koaguliuoti ramekin dugne, supilkite likusį šaukštą grietinėlės, prieskonių ir sviesto taškelį. Dėkite į apatinį įkaitintos orkaitės trečdalį ir kepkite 7-8 minutes. Kiaušiniai iškepa vos sustingę, bet vis tiek šiek tiek dreba.

d) Jei norite šiek tiek palaukti prieš patiekdami, išimkite iš orkaitės, kai šiek tiek pravės; jie baigs virti ir išliks šilti vandenyje 10-15 minučių. Prieš patiekdami pagardinkite druska ir pipirais.

8. Crêpes Roulées Et Farcies

INGRIDIENTAI:
KREMINTA VĖŽIAGŲ MĖSA
- 2 V sviesto
- 8 colių emaliuota arba neprideganti keptuvė
- 3 Tb maltų askaloninių česnakų arba laiškinių svogūnų
- 1½ puodelio kubeliais pjaustytos arba susmulkintos virtos arba konservuotos vėžiagyvių mėsos
- Druskos ir pipirų
- ¼ puodelio sauso balto vermuto
- Dubuo

VYNO IR SŪRIO PADAŽAS
- ⅓ puodelio sauso balto vermuto
- 2 Tb kukurūzų krakmolo, sumaišyto mažame dubenyje su 2 Tb pieno
- 1½ stiklinės riebios grietinėlės
- ¼ šaukštelio druskos
- baltasis pipiras
- ½ puodelio tarkuoto šveicariško sūrio

SURINKIMAS IR KEPIMAS
- 12 virtų blynelių, 6-7 colių skersmens
- ¼ puodelio tarkuoto šveicariško sūrio
- 2 V sviesto
- Lengvai sviestu pateptas kepimo indas

INSTRUKCIJOS:
a) Keptuvėje įkaitinkite sviestą iki burbuliavimo, įmaišykite askaloninius česnakus arba laiškinius svogūnus, tada vėžiagyvius. Išmaišykite ir maišykite ant vidutiniškai stiprios ugnies 1 minutę. Pagardinkite druska ir pipirais, tada įpilkite vermuto ir greitai virkite, kol skystis beveik visiškai išgaruos. Sukrėskite į dubenį.

b) Į keptuvę įpilkite vermuto ir greitai virkite, kol sumažės iki šaukšto. Nuimkite nuo ugnies; įmaišykite kukurūzų krakmolo mišinį, grietinėlę, prieskonius. Troškinkite 2 minutes maišydami, tada įmaišykite sūrį ir dar minutę troškinkite. Teisingas prieskonis.
c) Sumaišykite pusę padažo į vėžiagyvius, tada uždėkite didelį šaukštą vėžiagyvių mišinio ant apatinio kiekvieno kremo trečdalio ir susukite lietinius į cilindrines formas. Glaudžiai išdėliokite blynelius į lengvai sviestu pateptą kepimo indą, šaukštu užpilkite likusį padažą, pabarstykite sūriu ir apibarstykite sviesto gabalėliais. Šaldykite, kol būsite pasiruošę kepti. Prieš patiekiant, 15–20 minučių padėkite į viršutinį 425 laipsnių įkaitintos orkaitės trečdalį, kol pradės burbuliuoti ir sūrio užpilas lengvai paruduos, arba pakaitinkite ir apkepkite po žemu broileriu.

9. Gâteau De Crêpes a La Florentine

INGRIDIENTAI:
GRIETINĖS PADAŽAS SU SŪRIU, ŠPINATAIS IR GRYBAIS
- 4 Tb sviesto
- 5 Tb miltų
- 2¾ puodeliai karšto pieno
- ½ šaukštelio druskos
- Pipirai ir muskato riešutas
- ¼ puodelio riebios grietinėlės
- 1 puodelis stambiai tarkuoto šveicariško sūrio
- 1½ puodelio virtų kapotų špinatų
- 1 puodelis grietinėlės sūrio arba varškės
- 1 kiaušinis
- 1 puodelis kubeliais pjaustytų šviežių grybų, anksčiau pakeptų svieste su 2 Tb smulkintų askaloninių česnakų arba laiškinių svogūnų

SURINKIMAS IR KEPIMAS
- 24 virti blyneliai, nuo 6 iki 7 colių skersmens
- Lengvai sviestu pateptas kepimo indas
- 1 Tb sviesto

INSTRUKCIJOS:
a) Padažui ištirpinkite sviestą, įmaišykite miltus ir lėtai virkite 2 minutes nedažydami; nukelkite nuo ugnies, įmaišykite pieną, druską, pipirus ir muskato riešutą pagal skonį. Virkite maišydami 1 minutę, tada įmaišykite grietinėlę ir visus, išskyrus 2 šaukštus, šveicariško sūrio; trumpai pavirkite, tada pataisykite prieskonius.
b) Į špinatus įmaišykite kelis šaukštus padažo ir atsargiai pataisykite prieskonius. Kreminį sūrį arba varškę sutrinkite su kiaušiniu, grybais ir keliais šaukštais padažo, kad susidarytų tiršta pasta; teisingas prieskonis.

c) Įkaitinkite orkaitę iki 375 laipsnių.
d) Į sviestu pateptos kepimo formos dugną įdėkite blynelį, aptepkite špinatais, uždenkite blyneliu, užtepkite sūrio ir grybų mišinio sluoksniu ir taip tęskite su likusiais blyneliais ir 2 įdarais, užbaigiant piliakalnį krepu.
e) Ant kauburėlio užpilkite likusį sūrio padažą, pabarstykite likusiais 2 šaukštais tarkuoto šveicariško sūrio ir apibarstykite šaukštu sviesto.
f) Prieš patiekdami laikykite šaldytuve 30-40 minučių, tada padėkite į viršutinį įkaitintos orkaitės trečdalį, kol pradės burbuliuoti, o sūrio užpilas lengvai paruduos.

10. Gâteau De Crêpes ir La Normande

INGRIDIENTAI:

- 4–5 puodeliai pjaustytų obuolių (apie 2 svarai)
- Didelė kepimo skarda storu dugnu
- ⅓ stiklinės granuliuoto cukraus
- 4 V. lydyto sviesto
- 12 virtų blynelių, 5–6 colių skersmens
- Lengvai sviestu pateptas kepimo-patiekimo indas
- 6–8 pasenę makaronai, susmulkinti
- Daugiau lydyto sviesto ir cukraus bei konjako

INSTRUKCIJOS:

a) Kepimo skardoje paskleiskite obuolius, pabarstykite cukrumi ir lydytu sviestu ir dėkite į 350 laipsnių įkaitintos orkaitės vidurinį lygį maždaug 15 minučių arba kol obuolių griežinėliai suminkštės.

b) Į sviestu išteptą kepimo ir patiekimo indą įdėkite blynelį, aptepkite obuolių griežinėlių sluoksniu, pabarstykite makaronais ir, jei norite, įlašinkite kelis lašus sviesto ir konjako.

c) Ant viršaus uždėkite blynelį, apibarstykite obuoliais ir taip tęskite, baigdami blyneliu. Pabarstykite tirpintu sviestu ir cukrumi.

d) Maždaug 30 minučių prieš patiekiant kepkite iki 375 laipsnių įkaitintos orkaitės viduriniame lygyje, kol įkais. Patiekite tokį, koks yra, arba ant ugnies, kaip nurodyta ankstesniame recepte.

11. Crêpes De Pommes De Terre / Tarkuotų bulvių blynai

INGRIDIENTAI:
- 8 uncijos grietinėlės sūrio
- 3 Tb miltų
- 2 kiaušiniai
- ½ šaukštelio druskos
- ⅛ šaukštelio pipirų
- 6 uncijos (1½ puodelio) šveicariško sūrio, supjaustyto ⅛ colio kauliukais
- 2½ svaro. "kepimo" bulvės (4 puodeliai tarkuotų)
- 3-4 šaukštai riebios grietinėlės
- 10 colių keptuvė
- Apie 1½ šaukštelio sviesto, jei reikia, daugiau
- Apie 1½ Tb aliejaus, jei reikia, daugiau

INSTRUKCIJOS:
a) Dideliame dubenyje su šakute sumaišykite grietinėlės sūrį, miltus, kiaušinius, druską ir pipirus. Įmaišykite kubeliais pjaustytą sūrį.
b) Bulves nulupkite, sutarkuokite per dideles trintuvės skylutes. Po saują susukite bulves į rutulį rankšluosčio kampe ir išspauskite kuo daugiau sulčių.
c) Sumaišykite su sūriu ir kiaušiniais, tada įmaišykite tiek grietinėlės, kad mišinys būtų kreminės kopūstų salotų konsistencijos.
d) Keptuvėje įkaitinkite sviestą ir aliejų, sudėkite į mažus arba didelius maždaug ⅜ colio storio bulvių tešlos kaušelius. Virkite ant vidutinės ugnies 3-4 minutes, kol tešloje atsiras burbuliukų.
e) Šiek tiek sumažinkite ugnį, apverskite ir kepkite dar 4-5 minutes iš kitos pusės. Jei patiekiama ne iš karto, išdėliokite vienu sluoksniu ant kepimo skardos ir palikite

neuždengtą. Kelias minutes pakepinkite iki 400 laipsnių įkaitintoje orkaitėje.
f) Patiekite su kepsniais, kepsniais, troškintais ar keptais kiaušiniais.

12. Banana kremas Crêpes

INGRIDIENTAI:

- 4 bananai, padalytas naudojimas
- 8 uncijų grietinėlės karamelės indelis
- Aromatintas jogurtas
- $\frac{1}{2}$ puodelio plaktos grietinėlės arba šaldytos
- Nepieninis plaktas užpilas,
- Atšildytas, plius papildomai už
- Papuošti
- 6 paruošti blyneliai
- Klevų arba šokolado sirupas

INSTRUKCIJOS:

a) Į virtuvinį kombainą arba trintuvą sudėkite 2 bananus ir sutrinkite iki vientisos masės.
b) Įpilkite jogurto, išmaišykite. Įmaišykite plaktą užpilą.
c) Likusius bananus supjaustykite monetomis. Atidėkite į šalį, 12 griežinėlių užpilui.
d) Ant kiekvienos patiekimo lėkštės dėkite blynelių: jogurto mišinį paskirstykite ant kiekvieno blynelio.
e) Padalinkite likusias bananų skilteles ir plaktą grietinėlę arba užpilą.
f) Kiekvieną blynelį apšlakstykite sirupu.

13. Vyšnių kremas s

INGRIDIENTAI:
- 1 stiklinė grietinės
- ⅓ puodelio rudojo cukraus, tvirtai supakuotas
- 1 puodelis sausainių mišinio
- 1 Kiaušinis
- 1 puodelis Pieno
- 1 skardinė Vyšnių pyrago įdaras
- 1 arbatinis šaukštelis apelsinų ekstrakto

INSTRUKCIJOS:
a) Sumaišykite grietinę ir rudąji cukrų ir atidėkite. Sumaišykite sausainių mišinį, kiaušinį ir pieną.
b) Išmaišykite iki vientisos masės. Įkaitinkite aliejumi pateptą 6 colių keptuvę.
c) Vienu metu kepkite 2 šaukštus sausainių mišinio, kol šviesiai paruduos, apverskite ir paruduos.
d) Kiekvieną blynelį užpildykite dalimi grietinės mišinio. Suvynioti.
e) Į kepimo indą įdėkite siūlę žemyn. Supilkite vyšnių pyrago įdarą.
f) Kepkite 350 ~ 5 minutes. Supilkite apelsinų ekstraktą ant blynelių ir pakaitinkite, kad patiektumėte.

14. Kumquat-pecan Crêpes

INGRIDIENTAI:

- $\frac{1}{2}$ puodelio konservuoto kumquato
- 3 dideli kiaušiniai
- $1\frac{1}{2}$ puodelio pekano riešutų, supjaustytų kubeliais
- $\frac{3}{4}$ puodelio cukraus
- $\frac{3}{4}$ puodelio sviesto, kambario temp
- 3 šaukštai konjako
- $\frac{1}{2}$ puodelio pekano riešutų, supjaustytų kubeliais
- $\frac{1}{4}$ puodelio cukraus
- $\frac{1}{4}$ puodelio sviesto, lydytas
- $\frac{1}{2}$ puodelio konjako

INSTRUKCIJOS:
UŽPILDYMUI:

a) Sėklos, susmulkinkite ir išdžiovinkite kumquatus, palikdami ⅓ puodelio kumquat sirupo.

b) Sumaišykite kiaušinius, $1\frac{1}{2}$ puodelio pekano riešutų, $\frac{3}{4}$ puodelio cukraus, $\frac{3}{4}$ puodelio sviesto, kumquatus ir 3 šaukštus konjako trintuve ir gerai išmaišykite įjungdami / išjungdami. Pasukite į dubenį.

c) Uždenkite ir užšaldykite mažiausiai 1 valandą.

SURINKTI:

d) Gausiai ištepkite sviestu du 7x11 colių kepimo indus.

e) ⅓ puodelio įdaro pasilikti padažui. Kiekvieną blynelį užpildykite maždaug 1,5-2 šaukštais įdaro. Roll Crêpes up cigarų mada.

f) Išdėliokite siūle žemyn vienu sluoksniu paruoštuose kepimo induose.

g) Įkaitinkite orkaitę iki 350 laipsnių. Pabarstykite blynelius likusiais pekano riešutais ir cukrumi ir apšlakstykite lydytu sviestu.

h) Kepkite, kol pradės burbuliuoti, apie 15 minučių.

i) Tuo tarpu nedideliame puode sumaišykite ⅓ puodelio rezervuoto įdaro, 2 šaukštus konjako ir ⅓ puodelio rezervuoto kumquat sirupo ir užvirinkite ant silpnos ugnies.
j) Likusį konjaką pašildykite nedideliame puode.
k) Norėdami patiekti, ant lėkštės išdėliokite blynelius ir užpilkite padažu. Uždekite konjaką ir užpilkite ant viršaus, purtydami lėkštę, kol liepsna nurims. Patiekite iš karto.

15. Tropiniai vaisiai Crêpe s

INGRIDIENTAI:
- 4 uncijos paprastų miltų, išsijotų
- 1 žiupsnelis druskos
- 1 arbatinis šaukštelis cukraus pudros
- 1 kiaušinis, plius vienas trynys
- $\frac{1}{2}$ pinto pieno
- 2 šaukštai lydyto sviesto
- 4 uncijos cukraus
- 2 šaukštai brendžio arba romo
- $2\frac{1}{2}$ puodelio tropinių vaisių mišinio

INSTRUKCIJOS:
a) Norėdami pagaminti Crêpe tešlą, į dubenį suberkite miltus, druską ir cukraus pudrą ir išmaišykite.
b) Palaipsniui įmuškite kiaušinius, pieną ir sviestą. Palikite pastovėti mažiausiai 2 valandas.
c) Įkaitinkite šiek tiek riebalais pateptą keptuvę, išmaišykite tešlą ir naudokite 8 blynelių formavimui. Laikyti šiltai.
d) Norėdami pagaminti įdarą, tropinių vaisių mišinį sudėkite į puodą su cukrumi ir švelniai kaitinkite, kol cukrus ištirps.
e) Užvirinkite ir kaitinkite, kol cukrus karamelizuosis. Įpilkite brendžio.
f) Užpildykite kiekvieną blynelį vaisiais ir nedelsdami patiekite su grietinėle arba creme fraiche.

16. Lemon Crêpes

INGRIDIENTAI:
- 1 didelis kiaušinis
- $\frac{1}{2}$ puodelio Pieno
- $\frac{1}{4}$ puodelio universalių miltų
- 1 arbatinis šaukštelis Cukrus
- 1 arbatinis šaukštelis tarkuotos citrinos žievelės
- 1 žiupsnelis druskos
- Sviestas arba aliejus keptuvei

CITRINŲ PADAŽAS:
- 2 puodeliai vandens
- 1 puodelis Cukraus
- 2 citrinos, plonais griežinėliais popieriumi, be sėklų

KREMINIŲ ĮDAŽAS:
- 1 stiklinė riebios grietinėlės, šalta
- 2 arbatiniai šaukšteliai Cukrus
- 1 arbatinis šaukštelis vanilės ekstrakto

INSTRUKCIJOS:
KRÊPE TEŠLA:
a) Vidutiniame dubenyje lengvai išplakite kiaušinį ir pieną.
b) Suberkite miltus, cukrų, citrinos žievelę, druską ir išplakite iki vientisos masės.
c) Šaldykite uždengtą mažiausiai 2 valandas arba per naktį.

CITRINŲ PADAŽAS:
d) Vidutiniame puode kaitinkite vandenį ir cukrų, kol cukrus ištirps.
e) Sudėkite citrinos griežinėlius ir troškinkite 30 minučių. Atvėsinkite iki kambario temperatūros.

GAMYKITE KREPUS:
f) Ištepkite blynelių keptuvę ant 6 colių nepridegančios keptuvės plonu sviesto arba aliejaus sluoksniu.
g) Įkaitinkite keptuvę ant vidutinės-stiprios ugnies.

h) Supilkite 2 šaukštus Crêpe tešlos ir greitai pakreipkite keptuvę, kad tešla tolygiai pasiskirstytų.
i) Kepkite, kol dugnas taps auksinis, o kraštas atsitrauks nuo keptuvės šono, apie 3 minutes.
j) Apverskite krepą ir kepkite antrąją pusę apie 1 minutę.
k) Leiskite atvėsti lėkštėje ir pakartokite su likusia tešla, kad iš viso gautumėte 8 blynelius.
l) Prieš patiekdami pasigaminkite grietinėlės įdarą: plakite mikserio dubenyje grietinėlę, cukrų ir vanilę, kol susidarys standžios smailės.
m) Ant kiekvienos desertinės lėkštės sudėkite 2 blynelius auksine puse žemyn.
n) Ant kiekvieno blynelio uždėkite grietinėlės įdaro ir susukite, užlenkite kraštus ir išdėliokite lėkštes siūle žemyn.
o) Kiekvieną porciją užpilkite $\frac{1}{4}$ puodelio citrinų padažo ir patiekite iš karto.

17. Blyneliai su Chablis vaisių padažu

INGRIDIENTAI:

- 3 Kiaušiniai
- 1 puodelis lieso pieno
- 1 puodelis Miltų
- $\frac{1}{8}$ arbatinio šaukštelio druskos
- Virimo purškalas
- $\frac{1}{2}$ puodelio Chablis vyno
- $\frac{1}{4}$ puodelio vandens
- $\frac{1}{4}$ puodelio cukraus
- 1 valgomasis šaukštas kukurūzų krakmolo
- $\frac{3}{4}$ puodelio Šviežių arba šaldytų braškių
- $\frac{1}{2}$ puodelio kubeliais pjaustytų apelsinų skilčių
- 1 valgomasis šaukštas vandens
- 4 Lovers Crêpes

INSTRUKCIJOS:

a) Sumaišykite pirmuosius 4 ingredientus ir maišykite mažu greičiu maždaug minutę. Nubraukite šonus ir gerai išmaišykite iki vientisos masės.
b) Leiskite pastovėti 30 minučių. $6\frac{1}{2}$ colio omleto arba keptuvės dugną padenkite kepimo purkštuvu.
c) Įkaitinkite keptuvę ant silpnos ugnies.
d) Supilkite apie 3 šaukštus tešlos – pakreipkite ir sukite keptuvę, kad tešla pasiskirstytų tolygiai.
e) Kepkite, kol dugnas švelniai apskrus – apverskite ir apkepkite kitą pusę.
f) Norėdami suvynioti blynelius, atskirtus vaškiniu popieriumi, užšaldykite arba atšaldykite.

CHABLIS VAISIŲ PADAŽAS:

g) Nedideliame puode sumaišykite pirmuosius 3 ingredientus – užvirinkite – troškinkite 5 minutes.

h) Kukurūzų krakmolą ir 1 šaukštą vandens išmaišykite iki vientisos masės.

i) Įmaišykite į vyno mišinį ir retkarčiais pamaišydami troškinkite keletą minučių, kol sutirštės.

j) Sudėkite vaisius ir kaitinkite, kol vaisiai sušils. Užpildykite blynelius, užlenkite ir ant viršaus užpilkite papildomo padažo.

18. Ambrosia Crêpes

INGRIDIENTAI:
- 4 blyneliai
- 16 uncijų skardinių vaisių kokteilis
- 1 skardinė Šaldytas desertinis užpilas – atšildytas
- 1 mažas prinokęs bananas supjaustytas
- ½ puodelio miniatiūrinių zefyrų
- ⅓ puodelio susmulkinto kokoso

INSTRUKCIJOS:
a) Papuoškite papildomu užpilu ir vaisiais.
b) Norėdami užšaldyti blynelius su vaškuotu popieriumi tarp jų.
c) Suvyniokite į storą foliją arba šaldymo popierių.
d) Įkaitinkite 350° orkaitėje 10-15 minučių.

19. Uogų blyneliai su apelsinų padažu

INGRIDIENTAI:

- 1 puodelis Šviežių mėlynių
- 1 puodelis pjaustytų braškių
- 1 valgomasis šaukštas cukraus
- Trys 3 uncijų pakuotės suminkštinto kreminio sūrio
- $\frac{1}{4}$ puodelio medaus
- $\frac{3}{4}$ puodelio apelsinų sulčių
- 8 blyneliai

INSTRUKCIJOS:

a) Mažame dubenyje sumaišykite mėlynes, braškes ir cukrų ir atidėkite.

b) Norėdami paruošti padažą, išplakite grietinėlės sūrį ir medų iki purios masės ir lėtai įmaišykite į apelsinų sultis.

c) Šaukštą apie $\frac{1}{2}$ puodelio uogų įdaro 1 lietinio viduryje. Ant uogų užpilkite maždaug 1 šaukštą padažo. Susukite, padėkite ant serviravimo lėkštės. Pakartokite su likusiais blyneliais.

d) Likusį padažą užpilkite ant blynelių.

20. Pagrindiniai kruasanai

INGRIDIENTAI:

- ¾ puodelio plius 1 valgomasis šaukštas nenugriebto pieno
- 2 arbatiniai šaukšteliai tirpių mielių
- 2⅔ puodeliai universalių miltų (arba T55 miltų) ir papildomai formavimui
- 1 valgomasis šaukštas plius 1½ arbatinio šaukštelio (20 gramų) granuliuoto cukraus
- 2 arbatiniai šaukšteliai košerinės druskos
- 1 puodelis nesūdyto sviesto, kambario temperatūros, padalintas
- 1 didelis kiaušinis

INSTRUKCIJOS:

a) Paruoškite tešlą: Vidutiniame dubenyje sumaišykite pieną ir mieles, tada suberkite miltus, cukrų, druską ir sviestą ir maišykite, kol susidarys puri tešla. Išverskite tešlą ant švaraus stalo ir minkykite 8-10 minučių (arba perkelkite į stovintį maišytuvą ir minkykite 6-8 minutes mažu greičiu), kol ji taps lygi, elastinga ir elastinga.

b) Jei minkote rankomis, grąžinkite tešlą į dubenį. Uždenkite rankšluosčiu ir palikite 1 valandai arba kol padvigubės. (Šis laikas skirsis, priklausomai nuo jūsų virtuvės temperatūros.)

c) Išverskite tešlą ant švaraus stalo ir lengvai paspauskite iki 8 colių kvadrato. Apvyniokite plastikine plėvele ir šaldykite 1 valandą. Tai žinoma kaip tešlos blokas.

d) Tešlos blokas ir sviesto blokas turi būti panašios temperatūros ir konsistencijos, todėl būtina atšaldyti.

e) Po 30 minučių atšaldžius tešlos bloką, likusį ¾ puodelio (170 gramų) sviesto uždėkite ant pergamentinio popieriaus gabalo. Ant viršaus uždėkite papildomą pergamentinio popieriaus lapą ir kočėlu bei plastikiniu suoliuko grandikliu suformuokite sviestą į 6 x 8 colių stačiakampį. Pergamentinio popieriaus pakelį padėkite ant kepimo skardos ir perkelkite į šaldytuvą 15-20 minučių, kol sutvirtės, bet taps lankstus. Turėtumėte sugebėti sulenkti paketą, kad jis nesutrūktų į skeveldrą.

f) Kol formuosite tešlą, sviesto bloką atidėkite ant stalo. Taip bus užtikrinta tinkama temperatūra (ne per šalta) prieš dedant. Pabarstykite stalą ir tešlos viršų miltais ir susukite tešlos bloką į 9 x 13 colių stačiakampį. Nuvalykite miltų perteklių. Išvyniokite sviestą ir apverskite jį ant tešlos vidurio, kad jo kraštai beveik susiliestų su tešlos bloko kraštais. Viršutinę ir apatinę tešlos dalis užlenkite ant sviesto blokelio, susitikdami centre. Kruopščiai suspauskite vidurinę ir galines siūles. Temperatūra yra labai svarbi, todėl dirbkite greitai.

g) Pabarstykite stalą miltais ir pasukite tešlą taip, kad centrinė siūlė būtų nukreipta į jus. Tešlą iškočiokite pirmyn ir atgal, kad susidarytumėte 7 x 21 colio stačiakampį, atsargiai dirbdami, kad iš tešlos neišbėgtų sviestas. Jei sviestas prasiskverbia pro ją, suimkite tešlą, kad ji apsemtų, ir pabarstykite miltais. Prieš sulankstydami nuvalykite miltų perteklių.

h) Sulenkite viršutinį tešlos trečdalį link centro, tada užlenkite apatinį tešlos trečdalį virš centro, kad susidarytumėte raidžių klostę. Nuvalykite miltų perteklių.

i) Apvyniokite tešlą į plastikinę plėvelę ir atšaldykite 30 minučių.

j) Pakartokite 6 veiksmą, pradėdami nuo užlenkto tešlos krašto kairėje pusėje, iškočiokite tešlą į 7 x 21 colio stačiakampį ir sukurkite raidžių lankstymą. Dar kartą suvyniokite tešlą ir atšaldykite 45 minutes.

k) Pakartokite šį veiksmą dar kartą, tada suvyniokite tešlą ir šaldykite bent 1 valandą arba per naktį.
l) Formuokite ir kepkite: kepimo skardą išklokite kepimo popieriumi.
m) Pabarstykite savo stalą miltais ir iškočiokite tešlą į $\frac{1}{4}$ colio storio stačiakampį, maždaug 9 x 20 colių.
n) Pjovimo peiliu pažymėkite 4 colių dalis išilgai ilgosios pusės. Virėjo peiliu nupjaukite stačiakampį ties 4 colių žymėmis ir sukurkite penkias 4 x 9 colių dalis. Kiekvieną iš šių skyrių perpjaukite įstrižai, kad iš viso sukurtumėte 10 trikampių.
o) Kiekvieno trikampio apačią šiek tiek ištempkite, kad šiek tiek pailgintumėte.
p) Pradėdami nuo ilgosios pusės, iškočiokite trikampius, kad susidarytumėte raguolio formą.
q) Kai beveik pasieksite vyniotinio pabaigą, šiek tiek patraukite jo galiuką, kad jis pailgėtų, ir apvyniokite jį aplink raguolį, lengvai suimdami, kad užsandarintumėte. Kiekvieną raguolį dėkite ant paruoštos kepimo skardos su galiukais apačioje, kad neatsidarytų bandant ir kepant. Padėkite juos kelių colių atstumu vienas nuo kito.
r) Uždenkite dėklą plastikine plėvele ir palikite stovėti kambario temperatūroje nuo 1,5 iki 2,5 valandos. (Šis laikas skirsis, priklausomai nuo virtuvės temperatūros, bet ideali temperatūra yra 75°F-80°F.) Tikrinkite, kol pasieks zefyro konsistenciją ir padidės tūris. Jei tešlą subadysite, ji turėtų šiek tiek atšokti ir palikti įdubą.
s) Praėjus 1 valandai, įkaitinkite orkaitę iki 400 °F.
t) Nedideliame dubenėlyje išplakite kiaušinį su šlakeliu vandens ir konditeriniu šepetėliu aptepkite raguolius. Dar kartą nuvalykite juos šepečiu, kad gautumėte papildomo blizgesio.

u) Kepkite 30–35 minutes, kol kruasanai taps giliai auksinės rudos spalvos. Patiekite šiltą.

21. Klasikiniai kruasanai

INGRIDIENTAI:

- 4 puodeliai universalių miltų
- 1/4 stiklinės cukraus
- 1 1/2 arbatinio šaukštelio druskos
- 2 1/4 arbatinio šaukštelio tirpių mielių
- 1 1/4 stiklinės šalto pieno
- 2 šaukštai nesūdyto sviesto, suminkštinto
- 2 1/2 lazdelių nesūdyto sviesto, atšaldyto ir supjaustyto plonais griežinėliais
- 1 kiaušinis išplaktas su 1 šaukštu vandens

INSTRUKCIJOS:

a) Dideliame dubenyje sumaišykite miltus, cukrų, druską ir mieles.

b) Įpilkite šalto pieno ir 2 šaukštus minkšto sviesto ir maišykite, kol susidarys puri tešla.

c) Tešlą išverskite ant miltais pabarstyto paviršiaus ir minkykite apie 10 minučių iki vientisos ir elastingos masės.

d) Tešlą sudėkite į lengvai aliejumi pateptą dubenį, uždenkite plastikine plėvele ir šaldykite 1 valandą.

e) Ant miltais pabarstyto paviršiaus atvėsusias sviesto riekeles iškočiokite į stačiakampį. Tešlą užlenkite ant sviesto ir suglauskite kraštus.

f) Tešlą ir sviestą iškočiokite į ilgą stačiakampį. Sulenkite jį trečdaliais, kaip raidę.

g) Tešlą dar kartą iškočiokite ir lankstymo procesą pakartokite dar du kartus. Atvėsinkite tešlą 30 minučių.

h) Paskutinį kartą tešlą iškočiokite į didelį stačiakampį, tada supjaustykite trikampiais.

i) Susukite kiekvieną trikampį, pradėdami nuo plataus galo, ir suformuokite pusmėnulį.

j) Kruasanus dėkite ant išklotos kepimo skardos, aptepkite kiaušinio plakiniu ir leiskite pakilti 1 val.

k) Įkaitinkite orkaitę iki 400°F (200°C) ir kepkite raguolius 20-25 minutes, kol taps auksinės rudos spalvos.

22. Plunksnų duonos kruasanai

INGRIDIENTAI:

- 2 arbatiniai šaukšteliai duonos aparato mielių
- $2\frac{1}{4}$ puodelių universalių miltų
- 2 arbatiniai šaukšteliai druskos
- 2 šaukštai tirpios neriebios sausos pieno medžiagos
- 1 valgomasis šaukštas cukraus
- $\frac{7}{8}$ puodelio vandens
- 4 uncijos nesūdyto sviesto
- 1 didelio kiaušinio; sumuštas su
- 1 valgomasis šaukštas vandens; stiklinimui
- 3 batonėliai (1,45 uncijos) pusiau saldaus šokolado

INSTRUKCIJOS:

a) Į duonkepės keptuvę suberkite mieles, miltus, druską, sauso pieno daleles, cukrų ir vandenį ir sudėkite į mašiną. Apdorokite ingredientus tešlos režimu, kol jie gerai susimaišys, o sausieji ingredientai neprilips prie keptuvės šonų, daugumoje mašinų maždaug 10 minučių.

b) Išmaišę tešlą, išjunkite aparatą ir leiskite tešlai pakilti, kol padvigubės, maždaug $1\frac{1}{2}$ valandos.

c) Tuo tarpu sviesto lazdelę įdėkite tarp 2 plastikinės plėvelės arba vaškuoto popieriaus sluoksnių. Pirštais išlyginkite ir suformuokite sviestą į 6 colių kvadratą, kurio storis yra maždaug ⅓ colio. Atvėsinkite bent 15 minučių. Naudojant sviestą, jis turi būti daržovių sutrumpinimo konsistencijos. Jei ji bus per kieta, tešla suplyš; jei jis bus per minkštas, jis išsisuks iš šonų. Atitinkamai pašildykite arba atvėsinkite.

d) Kai tešlos tūris padidės dvigubai, išverskite ją ant gerai miltais pabarstyto paviršiaus. Miltais pabarstytomis rankomis tešlą įspauskite į 13 colių kvadratą. Atvėsusį sviestą išvyniokite ir įstrižai įdėkite į tešlos kvadrato

centrą. Tešlos kampus uždėkite ant sviesto, kad jie susidurtų centre (jis atrodys kaip vokas). Paspauskite tešlos centrą ir kraštus, kad išlygintumėte ir užsandarinkite sviestą.
e) Lengvai miltais pabarstytu kočėlu iškočiokite tešlą į 18 x 9 colių stačiakampį. Nespauskite per stipriai. Jei tai padarysite, sviestas išsiskirs arba tešla plyš (jei plyš, tiesiog suimkite, kad pataisytumėte). Vieną 9 colių tešlos stačiakampio galą užlenkite ant vidurinio tešlos trečdalio. Sulenkite tai per likusį trečdalį.
f) Tešlą vėl iškočiokite į 18 x 9 colių stačiakampį. Sulenkite kaip anksčiau, kad susidarytumėte 3 sluoksnius ir sudėkite į plastikinį maišelį arba laisvai suvyniokite į plastikinę plėvelę. Tešlą 30 minučių padėkite į šaldytuvą, tada pakartokite kočiojimo, lankstymo ir atšaldymo procesą dar du kartus.
g) Po paskutinio lankstymo tešlą šaldykite per naktį.
h) Norėdami pjaustyti ir formuoti raguolius, tešlą perpjaukite per pusę. Vieną pusę apvyniokite plastiku ir grąžinkite į šaldytuvą, kol dirbsite su kita puse. Tešlą iškočiokite ant lengvai miltais pabarstyto paviršiaus iki 13 colių apskritimo.
i) Supjaustykite į 6 skilteles. Švelniai patraukite kiekvieno pleišto pagrindą iki maždaug 6 colių pločio, o kiekvieno pleišto ilgį iki maždaug 7 colių. Pradėdami nuo pagrindo, susukite pleištą. Padėkite raguolius, viršutiniu tašku apačioje, ant patvarios kepimo skardos.
j) Išlenkite ir nukreipkite pagrindinius taškus link centro, kad susidarytumėte pusmėnulį. Susukite ir suformuokite visus raguolius, padėkite juos 2 colių atstumu vienas nuo kito ant kepimo skardos.
k) Kruasanus lengvai aptepkite kiaušinių glaistu. Tada leiskite jiems kilti šiltoje vietoje, kol šviesiai ir pabrinks,

maždaug pusantros valandos. Tuo tarpu įkaitinkite orkaitę iki 400 F. Prieš dėdami į orkaitę, kruasanus dar kartą aptepkite kiaušinių glaistu. Kepkite 15 minučių arba tol, kol jie bus auksinės rudos spalvos. Išimkite kruasanus iš kepimo skardos, kad atvėstų ant grotelių. Patiekite šiltą, su uogiene ar mėgstamu sumuštinių įdaru.

l) Paruoškite kruasanų tešlą, kaip nurodyta.

m) Perpjovę per pusę, kiekvieną pusę susukite į 14 x 12 colių stačiakampį ant lengvai miltais pabarstyto paviršiaus. Kiekvieną pusę supjaustykite į šešis 7 x 4 colių stačiakampius.

n) Supjaustykite tris 1,45 uncijos pusiau saldaus arba tamsaus šokolado plyteles, kad susidarytumėte 12 stačiakampių, kurių kiekvienas yra maždaug 3 x 1,5 colio. Įdėkite po vieną šokolado gabalėlį išilgai per vieną trumpą kiekvieno tešlos gabalėlio galą. Susukite, kad šokoladas visiškai apimtų, ir užspauskite kraštus, kad sustingtų. Sudėkite raguolius siūle žemyn ant didelės kepimo skardos.

o) Tęskite glazūravimą ir kepkite, kaip nurodyta.

23. Kruasanai grūduose

INGRIDIENTAI:

- ¼ pintos drungno vandens
- 7 uncijos nesaldintas iš dalies nugriebtas kondensuotas pienas
- 1 uncija džiovintų mielių
- 2 uncijos nesūdyto sviesto; ištirpo
- 1 svaras grūdų miltų
- Žiupsnelis druskos
- 3 uncijos saulėgrąžų arba sojų margarino
- Pienas glazūrai

INSTRUKCIJOS:

a) Sumaišykite vandenį su išgarintu pienu, tada sutrinkite šviežias mieles arba įmaišykite džiovintas mieles.

b) Sudėkite sviestą. Miltus persijokite su druska dideliame dubenyje, grąžindami grūdus iš sietelio į dubenyje esančius miltus.

c) Įtrinkite margariną į miltus, kol masė taps panaši į džiūvėsėlius.

d) Miltų centre padarykite duobutę, supilkite mielių mišinį ir gerai išmaišykite.

e) Tešlą padėkite ant lengvai miltais pabarstyto paviršiaus ir minkykite 3 minutes.

f) Tešlą grąžinkite į dubenį, uždenkite drėgnu rankšluosčiu ir palikite šiltoje vietoje maždaug 30 minučių kilti, kol padvigubės.

g) Jei kambario temperatūra šalta, kilimą galima pagreitinti naudojant mikrobangų krosnelę: uždengtą tešlą mikrobangų krosnelėje kepkite mikrobangų krosnelėje atspariame inde visu galingumu 10 sekundžių. Palikite tešlą 10 minučių pailsėti, tada pakartokite procesą du kartus.

h) Pusę pakilusios tešlos apverskite ant lengvai miltais pabarstyto paviršiaus ir iškočiokite į maždaug 5 mm ($\frac{1}{4}$ colio) storio apskritimą. Aštriu peiliu tešlą supjaustykite į aštuonis trikampius segmentus. Dirbdami nuo išorinio krašto, kiekvieną segmentą susukite į vidurį. Kiekvieną gabalėlį sulenkite į pusmėnulį ir padėkite ant lengvai aliejumi pateptos kepimo skardos.

i) Uždenkite rankšluosčiu ir palikite padvigubinti.

j) Tuo tarpu įkaitinkite orkaitę iki Gas Mark 5/190C/375 F. Formavimo procesą pakartokite su kita tešlos puse.

k) Arba palikite likusią tešlą uždengtą šaldytuve iki 4 dienų ir naudokite, kai reikia šviežių kruasanų.

l) Kai kruasanai padvigubės, aptepkite juos pienu ir kepkite orkaitėje 15-20 minučių, kol pagels ir apskrus.

24. Šokoladiniai kruasanai

INGRIDIENTAI:
- 1½ stiklinės sviesto arba margarino, suminkštinto
- ¼ puodelio universalių miltų
- ¾ puodelio Pieno
- 2 šaukštai Cukrus
- 1 arbatinis šaukštelis druskos
- ½ puodelio Labai šilto vandens
- 2 pakeliai aktyvių sausų mielių
- 3 puodeliai Nesijotų miltų
- 12 uncijų šokolado traškučių
- 1 kiaušinio trynys
- 1 valgomasis šaukštas Pienas

INSTRUKCIJOS:
a) Su šaukštu išplakite sviestą, ¼ puodelio miltų iki vientisos masės. Ant vaškuoto popieriaus paskleiskite 12x6 stačiakampį. Atšaldyti. pašildykite ¾ puodelio pieno; įmaišykite 2 šaukštus cukraus, druskos, kad ištirptų.
b) Atvėsinkite iki drungnos. Vandenį apšlakstyti mielėmis; maišykite, kad ištirptų. Su šaukštu supilkite pieno mišinį ir 3 puodelius miltų iki vientisos masės.
c) Įjunkite lengvai miltais pabarstytą konditerijos audinį; minkyti iki vientisos masės. Palikite uždengtą šiltoje vietoje, be skersvėjų, kol padvigubės – apie 1 val. Šaldykite ½ valandos.
d) Ant lengvai miltais pabarstyto konditerinio audinio iškočiokite į 14x14 stačiakampį.
e) Ant pusės tešlos uždėkite sviesto mišinį; nuimkite popierių. Užlenkite kitą pusę ant sviesto; suspauskite kraštus, kad užsandarintumėte. Sulenkdami dešinėje, sukite nuo centro iki 20x8.

f) Iš trumposios pusės sulenkite tešlą į trečdalius, sudarydami 3 sluoksnius; sandarinimo kraštai; atvėsinkite 1 valandą suvynioti į foliją. Sulenkdami kairėje, sukite iki 20x8; sulankstyti atvėsinti $\frac{1}{2}$ valandos. Pakartokite.
g) Atvėsinkite per naktį. Kitą dieną sukti; sulankstyti du kartus; atvėsinkite $\frac{1}{2}$ valandos tarp. Tada atvėsinkite 1 valandą ilgiau.
h) Formavimas: tešlą supjaustykite į 4 dalis. Ant lengvai miltais pabarstyto konditerinio audinio susukite kiekvieną į 12 colių apskritimą. Kiekvieną apskritimą supjaustykite į 6 pleištus.
i) Pabarstykite skilteles šokolado drožlėmis – būkite atsargūs, kad aplink nepaliktų $\frac{1}{2}$ colio paraštės ir neperkrautumėte drožlių. Susukite, pradedant plačiu galu. Suformuokite pusmėnulį. Padėkite tašką puse žemyn, 2 colių atstumu vienas nuo kito ant rudo popieriaus ant sausainių lapo.
j) Viršelis; leisti pakilti šiltoje vietoje, be skersvėjų, kol padvigubės, 1 val.
k) Įkaitinkite orkaitę iki 425 laipsnių. Aptepkite plaktu kiaušinio tryniu, įmaišykite į 1 šaukštą pieno. Kepkite 5 minutes, tada sumažinkite orkaitę iki 375; kepkite dar 10 minučių arba tol, kol kruasanai išsipūs ir paruduos.
l) Atvėsinkite ant grotelių 10 minučių.

25. Bananiniai ekleriniai kruasanai

INGRIDIENTAI:

- 4 šaldyti kruasanai
- 2 kvadratėliai pusiau saldaus šokolado
- 1 valgomasis šaukštas sviesto
- ¼ puodelio išsijoto konditerinio cukraus
- 1 arbatinis šaukštelis karšto vandens; iki 2
- 1 puodelis vanilinio pudingo
- 2 vidutinių bananų; supjaustyti

INSTRUKCIJOS:

a) Šaldytus raguolius perpjaukite per pusę išilgai; išvykti kartu. Įkaitinkite šaldytus raguolius ant neteptos kepimo skardos, įkaitintoje iki 325 °F. orkaitėje 9-11 minučių.

b) Ištirpinkite šokoladą ir sviestą kartu. Įmaišykite cukrų ir vandenį, kad susidarytų tepamas glajus.

c) Ant kiekvienos kruasano apatinės pusės paskleiskite ¼ puodelio pudingo. Ant viršaus uždėkite pjaustytų bananų.

d) Pakeiskite raguolių viršūnes; aptepti šokoladiniu glaistu.

e) Tarnauti.

26. Tamsaus šokolado salyklas Kruasanų duonos pudingas

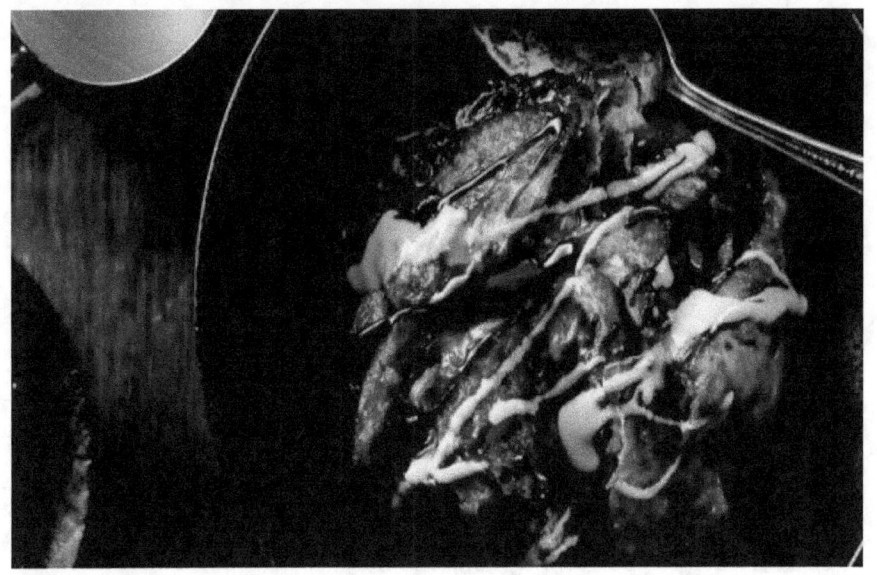

INGRIDIENTAI:

- 6 dideli kruasanai, geriausia vienadieniai
- 3 puodeliai nenugriebto pieno
- 1 puodelis riebios grietinėlės
- 1/2 puodelio granuliuoto cukraus
- 4 dideli kiaušiniai
- 2 arbatiniai šaukšteliai vanilės ekstrakto
- 1/4 arbatinio šaukštelio druskos
- 1/2 puodelio tamsaus šokolado drožlių
- 1/4 puodelio salyklo pieno miltelių
- Plakta grietinėlė, patiekimui (nebūtina)

INSTRUKCIJOS:

a) Įkaitinkite orkaitę iki 350°F. Ištepkite sviestu 9x13 colių kepimo indą.
b) Kruasanus supjaustykite kąsnio dydžio gabalėliais ir sudėkite į paruoštą kepimo formą.
c) Dideliame dubenyje sumaišykite pieną, grietinėlę, cukrų, kiaušinius, vanilės ekstraktą, druską ir salyklo pieno miltelius, kol gerai susimaišys.
d) Supilkite mišinį ant kruasanų, įsitikinkite, kad skystis tolygiai pasiskirsto.
e) Ant duonos pudingo viršaus pabarstykite juodojo šokolado drožlių.
f) Kepimo indą uždenkite aliuminio folija ir kepkite 35 minutes.
g) Nuimkite foliją ir toliau kepkite dar 15-20 minučių arba kol duonos pudingas sustings, o viršus taps auksinės spalvos.
h) Prieš patiekdami duonos pudingą leiskite keletą minučių atvėsti. Jei pageidaujate, užpilkite plakta grietinėle.

27. Šokoladinis migdolas Croissant Éclairs

INGRIDIENTAI:
PÂTE À CHOUX:
- 1/2 stiklinės vandens
- 1/2 stiklinės nenugriebto pieno
- 1/2 stiklinės nesūdyto sviesto, kubeliais
- 1/2 arbatinio šaukštelio druskos
- 1 arbatinis šaukštelis cukraus
- 1 puodelis universalių miltų
- 4 dideli kiaušiniai, kambario temperatūros

ŠOKOLADINIAM MIGDOLŲ Įdarui:
- 1 puodelis riebios grietinėlės
- 1 puodelis pusiau saldaus šokolado drožlių
- 1/2 puodelio migdolų sviesto

ŠOKOLADINIAM GLAJUUI:
- 1/2 puodelio pusiau saldaus šokolado drožlių
- 2 šaukštai nesūdyto sviesto
- 1 valgomasis šaukštas kukurūzų sirupo

INSTRUKCIJOS:
a) Įkaitinkite orkaitę iki 375 ° F. Kepimo skardą išklokite kepimo popieriumi.

b) Vidutiniame puode sumaišykite vandenį, pieną, sviestą, druską ir cukrų. Kaitinkite ant vidutinės ugnies, kol sviestas ištirps ir mišinys užvirs.

c) Iš karto suberkite miltus ir intensyviai maišykite mediniu šaukštu, kol masė suformuos rutulį ir atsitrauks nuo keptuvės kraštų.

d) Nukelkite keptuvę nuo ugnies ir leiskite atvėsti 5 minutes.

e) Po vieną įmuškite kiaušinius, kiekvieną kartą gerai išplakdami, kol masė taps vientisa ir blizgi.

f) Įdėkite konditerinį maišelį su dideliu apvaliu antgaliu ir užpildykite choux tešla.
g) Sudėkite tešlą ant paruoštos kepimo skardos, suformuodami 6 colių ilgio eklerus.
h) Kepkite 25-30 minučių arba kol taps auksinės rudos spalvos ir išsipūs.
i) Išimkite iš orkaitės ir leiskite visiškai atvėsti.
j) Vidutiniame puode įkaitinkite riebią grietinėlę, kol užvirs.
k) Nukelkite nuo ugnies ir sudėkite šokolado drožles bei migdolų sviestą. Maišykite, kol šokoladas išsilydys ir mišinys taps vientisas.
l) Kiekvieno eklero apačioje išpjaukite nedidelį plyšelį ir į centrą supilkite įdarą.
m) Nedideliame puode ant silpnos ugnies, nuolat maišydami, ištirpinkite šokolado drožles, sviestą ir kukurūzų sirupą iki vientisos masės.
n) Kiekvieno eklero viršų panardinkite į šokoladinį glajų ir padėkite ant grotelių, kad sustingtų.
o) Nebūtina: pabarstykite pjaustytais migdolais.

28. Šokoladu padengtas Braškių kruasanai

INGRIDIENTAI:

- 6 kruasanai
- 1/2 puodelio braškių uogienės
- 1/2 puodelio pusiau saldaus šokolado drožlių
- 1 valgomasis šaukštas nesūdyto sviesto
- 1/4 puodelio riebios grietinėlės
- Šviežios braškės, supjaustytos griežinėliais (nebūtina)

INSTRUKCIJOS:

a) Įkaitinkite orkaitę iki 375 ° F.
b) Kiekvieną kruasaną perpjaukite per pusę išilgai.
c) Kiekvieno raguolio apatinę pusę užtepkite po 1-2 šaukštus braškių uogienės.
d) Uždėkite viršutinę kiekvieno raguolio pusę ir padėkite ant kepimo skardos.
e) Kepkite 10-12 minučių arba tol, kol kruasanai taps šviesiai auksinės spalvos.
f) Nedideliame puode ant silpnos ugnies, nuolat maišydami, ištirpinkite šokolado drožles, sviestą ir riebią grietinėlę iki vientisos masės.
g) Ištraukite kruasanus iš orkaitės ir leiskite atvėsti keletą minučių.
h) Kiekvieno raguolio viršų panardinkite į šokolado mišinį, leiskite pertekliui nuvarvėti.
i) Šokoladu aplietus kruasanus dėkite ant grotelių, kad atvėstų ir sustingtų.
j) Nebūtina: prieš patiekdami uždėkite šviežių braškių griežinėlių.

PAGRINDINIS PATIEKALAS

29. Suprêmes De Volaille a Blanc

INGRIDIENTAI:
VIŠTĖS KRŪNINĖLIŲ GAMYBA
- 4 aukščiausi
- ½ šaukštelio citrinos sulčių
- ¼ šaukštelio druskos
- Didelis žiupsnelis baltųjų pipirų
- 4 Tb sviesto
- Sunkus, uždengtas ugniai atsparus, maždaug 10 colių skersmens puodas
- Apvalus vaškuotas popierius, supjaustytas taip, kad tilptų į troškintuvą
- Karštas serviravimo patiekalas

VYNO IR GRIETINĖS PADAŽAS, IR PATIEKIMAS
- ¼ puodelio baltojo arba rudojo sultinio arba konservuoto jautienos sultinio
- ¼ puodelio portveino, Madeiros arba sauso balto vermuto
- 1 puodelis riebios grietinėlės Druska, baltieji pipirai ir citrinos sultys
- 2 V šviežių maltų petražolių

INSTRUKCIJOS:
a) Įkaitinkite orkaitę iki 400 laipsnių.
b) Suprêmes įtrinkite lašeliais citrinos sulčių ir lengvai pabarstykite druska bei pipirais. Puode įkaitinkite sviestą, kol suputos. Supremus greitai apvoliokite svieste, uždėkite popierių, uždenkite troškintuvą ir pašaukite į karštą orkaitę.
c) Po 6 minučių pirštu paspauskite suprêmes viršūnes; jei vis dar minkštas ir traškus, grįš į orkaitę dar minutei ar dviem.
d) Jie daromi, kai jaučiasi šiek tiek elastingi ir elastingi; jų neperkepkite. Supremes išimkite į karštą serviravimo

indą; uždenkite ir laikykite šiltai gamindami padažą, o tai užtruks 2-3 minutes.
e) Supilkite sultinį arba sultinį ir vyną į troškintuvą su virimo sviestu ir greitai virkite ant stiprios ugnies, kol skystis taps sirupo pavidalo. Tada supilkite grietinėlę ir greitai virkite, kol šiek tiek sutirštės.
f) Atsargiai pagardinkite druska, pipirais ir lašeliais citrinos sulčių.
g) Suprêmes užpilkite padažu, pabarstykite petražolėmis ir patiekite iš karto.

30. Risotto

INGRIDIENTAI:

⅓ puodelio smulkiai sumaltų svogūnų
2 V sviesto
Sunkus 6 puodelių puodas arba ugniai atsparus troškinys
1 puodelis neplautų žalių baltųjų ryžių
2 stiklinės vištienos sultinio arba sultinio, pakaitinto iki virimo
Druskos ir pipirų
Nedidelė žolelių puokštė: 2 petražolių šakelės, ⅓ lauro lapas ir ⅛ šaukštelis čiobrelių, surištų į išplautą marlę

INSTRUKCIJOS:

Svogūnus lėtai pakepinkite svieste keletą minučių, kol suminkštės ir taps skaidrūs. Suberkite ryžius ir maišykite ant vidutinės ugnies 3-4 minutes, kol ryžių grūdeliai, kurie pirmiausia pasidaro permatomi, taps pieno baltumo. Šis veiksmas iškepa miltingą ryžių dangą ir neleidžia grūdams sulipti. Tada įmaišykite vištienos sultinį, šiek tiek pagardinkite druska, pipirais ir suberkite žolelių puokštę. Trumpai maišykite, kol užvirs, tada sandariai uždenkite ir virkite ant viryklės arba iki 350 laipsnių įkaitintoje orkaitėje ant vidutinės ugnies. Kaitrą reguliuokite taip, kad ryžiai sugertų skystį maždaug per 18 minučių, tačiau virimo metu ryžių visiškai nemaišykite. Kai baigsite, šakute lengvai supurtykite, jei reikia, įberkite daugiau druskos ir pipirų. (Rizotą galima išvirti iš anksto ir atidėti į šalį, neuždengtą; norėdami pašildyti, sudėkite į puodą su verdančiu vandeniu, uždenkite ryžius ir retkarčiais papurtykite šakute, kol ryžiai bus karšti. Nepervirkite.)

31. Haricots Verts Au Maître d'Hôtel

INGRIDIENTAI:
PIRMINIS GAMYBA ARBA BLANŠAVIMAS
3 svarai. šviežios šparaginės pupelės
Didelis virdulys, kuriame yra nuo 7 iki 8 litrų greitai verdančio vandens
$3\frac{1}{2}$ šaukštelio druskos
APTAVIMAS
Sunkus 8-10 colių emaliuotas arba nepridegantis puodas arba keptuvė
Druskos ir pipirų
3-4 Tb sviesto
1 šaukštelis citrinos sulčių
2-3 šaukštai maltų šviežių petražolių

INSTRUKCIJOS:
Nuplėškite pupelių galus. Prieš pat gaminimą greitai nuplaukite po karštu vandeniu. Supilkite pupeles į virdulį, įberkite druskos ir greitai vėl užvirkite. Virkite neuždengtą 8 minutes, tada išbandykite pupeles jas valgydami. Pupelės iškepa, kai jos yra minkštos, bet vis tiek išlieka traškios. Kai tik jie bus baigti, ant virdulio uždėkite kiaurasamtį ir nusausinkite vandenį nuo pupelių. Tada keletą minučių paleiskite į virdulį šaltą vandenį, kad pupelės atvėstų ir nusistovėtų spalva bei tekstūra. Nusausinkite. Atidėkite, kol būsite pasiruošę naudoti.
Kad patiektumėte, sumeskite pupeles į puodą arba keptuvę ant vidutiniškai stiprios ugnies, kad išgaruotų visa jų drėgmė. Tada įmaišykite su druska, pipirais ir sviestu, kol gerai įkais - maždaug 2 minutes. Dar kartą suplakite su šaukšteliu citrinos sulčių ir maltomis petražolėmis. Patiekite iš karto.

32. Terrine De Porc, Veau, Et Jambon

INGRIDIENTAI:
PAGRINDINIS PETĖ MIŠINIS
½ puodelio smulkiai pjaustytų svogūnų
2 V sviesto
Maža keptuvė
3 litrų maišymo dubuo
½ puodelio sauso portveino arba Madeiros arba konjako
¾ svarų (1½ puodelio) smulkiai sumaltos liesos kiaulienos
¾ svarų (1½ puodelio) smulkiai sumaltos liesos veršienos
½ svaro (1 puodelis) maltų šviežių kiaulienos riebalų (žr. pastabas recepto pradžioje)
2 lengvai paplakti kiaušiniai
½ šaukštelio druskos
½ šaukštelio pipirų
½ šaukštelio čiobrelių
Didelis žiupsnelis kvapiųjų pipirų
Nedidelė skiltelė sutrintas česnakas
VERŠIENOS JUOSTOS
½ svaro liesos veršienos iš apvalios arba nugarinės, supjaustytos ¼ colio juostelėmis
Dubuo
3 Tb konjako
Druskos ir pipirų
Susmulkinkite kiekvieną čiobrelį ir kvapiuosius pipirus
1 valgomasis šaukštas smulkiai pjaustytų askaloninių česnakų arba laiškinių svogūnų
Neprivaloma: 1 ar daugiau konservuotų triufelių, supjaustytų ¼ colio kauliukais, ir sultys iš skardinės
PATETE FORMAVIMAS
2 litrų kepimo indas arba keptuvė (žr. pastabas recepto pradžioje)

Pakanka kiaulienos riebalų lakštų arba juostelių paštetui (žr. pastabas recepto pradžioje)
4 puodeliai pagrindinio pašteto mišinio
½ svaro liesas virtas kumpis, supjaustytas ¼ colio storio juostelėmis
1 lauro lapas
Aliuminio folija
Sunkus kepimo indo ar skardos dangtis
Keptuvė kepimo indui laikyti orkaitėje

INSTRUKCIJOS:
Svogūnus lėtai pakepinkite svieste, kol suminkštės ir taps skaidrūs; tada iškrapštykite juos į maišymo dubenį. Supilkite vyną į keptuvę ir virkite, kol sumažės per pusę; pridėkite prie svogūnų maišymo dubenyje.

Į svogūnus stipriai plakite maltą mėsą, riebalus, kiaušinius ir prieskonius, kol viskas gerai susimaišys, o tekstūra suminkštės ir pašviesės – 2–3 minutes. Troškinkite nedidelį šaukštą, kol iškeps; paragaukite ir, jei reikia, pataisykite prieskonius.

Ruošdami kitus ingredientus, veršieną marinuokite dubenyje su konjaku ir kitais pagardais, įskaitant pasirenkamus triufelius ir sultis iš jų skardinės. Prieš naudodami veršieną ir triufelius nusausinkite; rezervuokite marinatą.

(Kitam žingsniui įkaitinkite orkaitę iki 350 laipsnių.)

Indo dugną ir šonus išklokite kiaulienos riebalų juostelėmis, tvirtai įspauskite. Į pagrindinį pašteto mišinį supilkite veršienos marinatą ir trečdalį paskleiskite indo dugną. Uždenkite puse marinuotos veršienos juostelių, pakaitomis su puse kumpio juostelių. Jei naudojate triufelius, sudėkite juos iš eilės į centrą. Uždenkite puse likusio pašteto mišinio, likusiomis veršienos ir kumpio juostelėmis, dar triufeliais ir galiausiai paskutiniu pašteto mišiniu. Ant viršaus uždėkite lauro lapą; uždenkite kiaulienos riebalų lakštu ar juostelėmis. Uždenkite indo viršų aliuminio folija ir uždėkite ant dangtelio (jei dangtelis laisvas arba neryškus, ant viršaus uždėkite svarelį).

PATTEĖS KEPIMAS

Įdėkite indą į šiek tiek didesnę keptuvę ir užpilkite tiek vandens, kad būtų du trečdaliai. Įdėkite į apatinį 350 laipsnių įkaitintos orkaitės trečdalį ir kepkite apie 1,5 valandos arba tol, kol paštetas šiek tiek susitrauks nuo kepimo indo, o visos skystos ir aplink esančios sultys taps skaidrios geltonos spalvos, be rausvos spalvos pėdsakų.

AŠALDYMAS, ATŠALDYMAS IR TEIKIMAS

Baigę patiekalą išimkite iš vandens ir padėkite į lėkštę. Nuimkite dangtį, o ant folijos dangtelio uždėkite medžio gabalą, keptuvę ar indą, kuris tiesiog tilps į kepimo formą. Ant arba į ją padėkite 3-4 svarų svarelį arba mėsmalės dalis; taip paštetas bus supakuotas, todėl vėliau neliks oro tarpų. Kelias valandas atvėsinkite kambario temperatūroje, tada 6-8 valandas arba per naktį laikykite šaldytuve, vis dar pasverdami.

Išpjaukite serviravimo riekeles tiesiai iš kepimo indo prie stalo arba išpjaukite paštetą, nulupkite kiaulienos riebalus ir patiekite paštetą, papuoštą aspiku. (Pastaba: jei šaldytuve laikote ilgiau nei 2 ar 3 dienas, atšalusį paštetą išformuokite ir visą mėsos želė nugramdykite nuo paviršiaus, nes būtent želė genda pirmiausia. Paštetą nušluostykite ir grįžkite į kepimo indą arba suvyniokite vaškuotu popieriumi arba plastikine plėvele.)

33. Épinards Au Jus; Épinards a La Crème

INGRIDIENTAI:
PIRMINIS GAMYBA ARBA BLANŠAVIMAS
3 svarai. švieži špinatai
Didelis virdulys, kuriame yra nuo 7 iki 8 litrų greitai verdančio vandens
3½ šaukštelio druskos
Nerūdijančio plieno pjaustymo peilis
APTAVIMAS
2 V sviesto
8 colių emaliuotas puodas arba keptuvė storu dugnu
1½ tb išsijotų miltų
1 puodelis jautienos sultinio, konservuoto jautienos sultinio arba riebios grietinėlės
Druskos ir pipirų
1-2 V minkšto sviesto

INSTRUKCIJOS:
Špinatus supjaustykite ir nuplaukite. Supilkite į verdantį vandenį po saują, įberkite druskos ir virkite lėtai, neuždengę 2-3 minutes arba tol, kol špinatai suminkštės. Nukoškite, minutę ar dvi į virdulį nuleiskite šaltą vandenį, vėl nukoškite. Iš špinatų saujomis išspauskite kuo daugiau vandens. Sukapoti. Atidėkite, kol būsite pasiruošę naudoti. (Padaro apie 3 puodelius.)
Puode ištirpinkite sviestą. Kai burbuliuoja, suberkite susmulkintus špinatus ir maišykite ant vidutiniškai stiprios ugnies 2-3 minutes, kad išgaruotų drėgmė. Kai špinatai tik pradeda lipti prie keptuvės dugno, sumažinkite ugnį iki vidutinės ir įmaišykite miltus. Virkite maišydami 2 minutes. Nukelkite nuo ugnies ir įmaišykite sultinį, sultinį arba grietinėlę. Lengvai pagardinkite, užvirkite, uždenkite ir labai lėtai virkite 10-15 minučių. Dažnai maišykite, kad nesudegtų.

Tinkamai pagardinkite, įmaišykite minkštą sviestą ir patiekite.

34. Carotes Étuvées Au Beurre / Svieste troškintos morkos

INGRIDIENTAI:

5-6 puodeliai nuluptų ir griežinėliais arba ketvirčiais supjaustytų morkų (apie 1½ svaro)
2 kvortų emaliuotas puodas storu dugnu
1 V granuliuoto cukraus
1½ stiklinės vandens
1½ Tb sviesto
½ šaukštelio druskos
Žiupsnelis pipirų
2 V šviežių maltų petražolių
1-2 šaukštai papildomo sviesto

INSTRUKCIJOS:

Sudėkite morkas į puodą su cukrumi, vandeniu, sviestu, druska ir pipirais. Uždenkite ir lėtai virkite apie 30 minučių arba tol, kol morkos suminkštės ir išgaruos skystis. Teisingas prieskonis. Prieš patiekdami, pašildykite, apibarstydami petražolėmis ir papildomu sviestu.

35. Pievagrybiai Farcis / Įdaryti grybai

INGRIDIENTAI:

12 didelių grybų
2-3 Tb lydyto sviesto
Negilus kepimo indas
Druskos ir pipirų
2 Tb maltų askaloninių česnakų arba laiškinių svogūnų
2 V sviesto
½ Tb miltų
½ puodelio riebios grietinėlės
3 V šviežių maltų petražolių
Papildoma druska ir pipirai
¼ puodelio tarkuoto šveicariško sūrio
1-2 Tb lydyto sviesto

INSTRUKCIJOS:

Pašalinkite grybų stiebus ir rezervuokite. Nuplaukite ir nusausinkite dangtelius, sutepkite tirpintu sviestu ir išdėliokite, tuščia puse į viršų, kepimo formoje. Lengvai pagardinkite druska ir pipirais.

Nuplaukite ir nusausinkite stiebus ir sumalkite. Saujomis pasukite rankšluosčio kampą, kad išsiskirtų kuo daugiau sulčių. Pakepinkite su askaloniniais česnakais arba laiškiniais svogūnais svieste 4 ar 5 minutes, kol gabalėliai pradės atsiskirti. Sumažinkite ugnį, suberkite miltus ir maišykite 1 minutę. Įmaišykite grietinėlę ir troškinkite minutę ar dvi, kol sutirštės. Įmaišykite petražoles ir prieskonius. Šiuo mišiniu pripildykite grybų kepures; ant kiekvieno užpilkite 1 arbatinį šaukštelį sūrio ir užlašinkite ant tirpinto sviesto lašelių. Atidėkite į šalį, kol būsite pasiruošę baigti virti.

Maždaug penkiolika minučių prieš patiekiant kepkite viršutiniame iš anksto įkaitintos 375 laipsnių orkaitės trečdalyje, kol kepurės suminkštės, o įdaras lengvai paruduos.

36. Escalopes De Veau Sautées a l'Estragon

INGRIDIENTAI:

4 ar daugiau veršienos šukučių
1½ Tb sviesto
½ Tb kepimo aliejaus
10 colių emaliuota arba neprideganti keptuvė
PADAŽAS IR PATIEKIMAS
1 Tb maltų askaloninių česnakų arba laiškinių svogūnų
Neprivaloma: ¼ puodelio Sercial Madeira arba sauso balto vermuto
½ Tb džiovintų peletrūno lapų
1 puodelis rudojo sultinio arba konservuoto jautienos sultinio; arba ¼ puodelio sultinio ir 1 puodelio riebios grietinėlės
Nebūtina: 1 puodelis grybų, anksčiau pakeptų svieste apie 5 minutes
½ Tb kukurūzų krakmolo sumaišyti iki pastos su 1 Tb vandens
Druskos ir pipirų
1 V minkšto sviesto
Karštas serviravimo patiekalas
Petražolių šakelės

INSTRUKCIJOS:

Kruopščiai nusausinkite šukutes ant popierinių rankšluosčių. Keptuvėje ant stiprios ugnies įkaitinkite sviestą ir aliejų. Kai sviesto putos beveik nuslūgs, bet nekrudo, suberkite šukutes. Nesugrūdinkite jų kartu; jei reikia, virkite juos po kelis. Kepkite iš vienos pusės apie 4 minutes, reguliuodami šilumą, kad riebalai visada būtų labai karšti, bet neapskrustų; tada apverskite ir apkepkite mėsą iš kitos pusės. Šukutės gaminamos tada, kai jos tiesiog atsparios pirštų spaudimui, o smeigus mėsą sultys nubėga skaidriai

geltonai. Išimkite šukutes į garnyrą ir paruoškite padažą taip:
Iš keptuvės supilkite visus riebalus, išskyrus šaukštą. Suberkite askaloninius svogūnus arba svogūnus ir maišykite ant vidutinės ugnies $\frac{1}{2}$ minutės. Tada įpilkite neprivalomo vyno, estragono ir sultinio arba sultinio. Visas sustingusias troškinimo sultis sugriebkite mediniu šaukštu ir trumpai pavirkite. (Jei naudojate grietinėlę, įpilkite ją dabar.) Greitai užvirkite, kad skysčio sumažėtų iki maždaug ⅔ puodelio. Nukelkite nuo ugnies, įmaišykite į kukurūzų krakmolo mišinį ir pasirinktinus grybus. Virkite maišydami 2 minutes. Šukutės lengvai pagardinkite druska ir pipirais, grąžinkite jas į keptuvę ir aptepkite padažu. Teisingas prieskonis. Prieš patiekdami keletą minučių atidėkite neuždengtą.
Prieš patiekdami, pakaitinkite, kol užvirs, minutę ar dvi aptepkite šukutes padažu, kol sušils. Nukelkite nuo ugnies, sudėkite šukutes ant karšto serviravimo indo ir į keptuvę įpilkite sviesto. Sukite keptuvę, kol sviestas susigers, tada užpilkite padažu ant šukučių. Papuoškite petražolėmis ir patiekite iš karto.

37. Escalope De Veau Gratinées

INGRIDIENTAI:
3 V sviesto
Puodas storu dugnu 2 kvortų
4 Tb miltų
2 puodeliai karšto veršienos arba vištienos sultinio arba sultinio
Vielos plakinys
½ puodelio smulkiai susmulkintų svogūnų, anksčiau iškeptų svieste iki skaidrumo
1 puodelis griežinėliais pjaustytų grybų, anksčiau pakeptų svieste apie 5 minutes
⅓ puodelio riebios grietinėlės
½ puodelio tarkuoto šveicariško sūrio
Kepimo serviravimo indas, 2 colių gylio
Druska, pipirai ir citrinos sultys
4-8 anksčiau troškintos veršienos šukutės arba supjaustytos likusios veršienos kepsnys
Nebūtina: 4-8 griežinėliai lieso virto kumpio
1 V minkšto sviesto

INSTRUKCIJOS:
Įkaitinkite orkaitę iki 375 laipsnių.
Puode ištirpinkite sviestą, tada suberkite miltus ir lėtai, maišydami, kepkite 2 minutes nekepdami. Nuimkite nuo ugnies. Iš karto supilkite visą karštą sultinį arba sultinį ir stipriai plakite vieliniu plakiniu, kad susimaišytų. Virkite maišydami 1 minutę. Įmaišykite virtus svogūnus ir troškinkite 5 minutes. Įmaišykite grybus ir troškinkite dar 5 minutes. Praskieskite šaukštais grietinėlės, bet padažas turi būti gana tirštas. Teisingas prieskonis; įpilkite du trečdalius sūrio. Kepimo-patiekimo indą lengvai patepkite sviestu. Ant indo dugno ištepkite šaukštą ar du padažo. Pasūdykite ir

pipiruokite veršieną ir sudėkite į lėkštę persidengiančiais griežinėliais, tarp kurių įdėkite šaukštą padažo ir gabalėlį pasirinktinio kumpio. Uždenkite likusiu padažu, pabarstykite likusiu sūriu ir aptepkite sviestu. Prieš patiekdami atidėkite arba laikykite šaldytuve maždaug pusvalandį.

Norėdami baigti kepti, dėkite į viršutinį 375 laipsnių įkaitintos orkaitės trečdalį, kol pradės burbuliuoti, o viršus lengvai apskrus. Neperkepkite.

38. Foies De Volaille Sautés, Madeire

INGRIDIENTAI:

1 svaras vištienos kepenėlės (apie 2 puodeliai)
Druskos ir pipirų
½ stiklinės miltų lėkštėje
Didelis sietas
2 V sviesto
1 V kepimo aliejaus
Sunki 10 colių emaliuota arba neprideganti keptuvė
Nebūtina: 1 puodelis kubeliais supjaustyto virto kumpio, anksčiau pakepinto svieste, ir (arba) 1 puodelis ketvirčiais supjaustytų šviežių grybų, anksčiau pakeptų svieste
½ puodelio jautienos sultinio arba sultinio
⅓ puodelio sauso Sercial Madeira
1 V minkšto sviesto
1 V šviežių maltų petražolių

INSTRUKCIJOS:

Išrinkite vištienos kepenėles; išpjaukite siūlus ir juodas ar žalsvas dėmes (tai atsiranda dėl tulžies maišelio, kuris prieš valymą buvo ant kepenų). Išdžiovinkite ant popierinių rankšluosčių. Prieš pat gaminimą, šiek tiek pabarstykite druska ir pipirais, apvoliokite miltuose, tada sukrėskite į sietelį, kad pasišalintų miltų perteklius.

Keptuvėje ant vidutiniškai stiprios ugnies ištirpinkite sviestą ir aliejų. Kai pamatysite, kad sviesto putos pradeda slūgti, sudėkite vištienos kepenėles. Dažnai maišykite 3–4 minutes, kol kepenėlės lengvai paruduos; jie daromi tada, kai jie yra elastingi, palietus pirštą. Neperkepkite. Sudėkite troškintą kumpį ir grybus, supilkite sultinį ir vyną ir troškinkite 1 minutę. Skonis ir tinkamas prieskonis. (Jei nesate pasiruošę patiekti, atidėkite vėliau.) Prieš patiekdami pašildykite, tada nukelkite nuo ugnies ir sumaišykite su minkštu sviestu bei petražolėmis.

39. Timbale De Foies De Volaille / Vištienos kepenų pelėsis

INGRIDIENTAI:
PRIEŠIO MIŠINIS

1 svaras vištienos kepenėlės (apie 2 puodeliai)
2 kiaušiniai (JAV pažymėti "dideli")
2 kiaušinių tryniai
$\frac{1}{4}$ šaukštelio druskos
$\frac{1}{8}$ šaukštelio pipirų
1 puodelis tiršto baltojo padažo ($1\frac{1}{2}$ Tb sviesto, 2 Tb miltų ir 1 puodelis pieno)
Neprivaloma: ⅓ puodelio riebios grietinėlės
2 Tb porto, Madeiros arba konjako

KEPIMAS IR TEIKIMAS

4 puodelių kepimo indas nuo $2\frac{1}{4}$ iki 3 colių gylio arba 8 pusės puodelio ramekinų arba kremo puodeliai
1 V minkšto sviesto
Puodas su verdančio vandens kepimo indui ar ramekinams laikyti
2 puodeliai olandiško arba bearnaiso; arba grietinėlės padažas, pagardintas 1 šaukšteliu pomidorų pastos ir peletrūno arba petražolėmis (žr. šį puslapį)

INSTRUKCIJOS:

Nuimkite vištienos kepenėles, išpjaukite siūlus ir juodas ar žalsvas dėmes. Įdėkite juos į elektrinio trintuvo indelį su kiaušiniais, kiaušinių tryniais, druska ir pipirais ir plakite 1 minutę. Supilkite baltąjį padažą ir vyną arba konjaką, dar 15 sekundžių plakite ir per sietelį pertrinkite į dubenį. (Arba sutrinkite vištienos kepenėles per maisto malūną ar mėsmalę į dubenį, įmaišykite likusius ingredientus ir pertrinkite per sietelį.)
Įkaitinkite orkaitę iki 350 laipsnių.

Kepimo indą arba kepimo formeles ištepkite šviesia sviesto plėvele ir užpildykite kepenėlių mišiniu iki $\frac{1}{8}$ colio viršaus. Paruošę kepti, sudėkite į keptuvę su verdančiu vandeniu, tada įdėkite į įkaitintos orkaitės vidurinį lygį. Sureguliuokite vandenį keptuvėje, kad jis beveik neužvirtų, bet ne iki galo. Tembalas daromas, kai ant lėkštelės matosi labai silpna susitraukimo linija, o peilis, įsmeigtas į centrą, išeina švarus. Leiskite apie 30 minučių orkaitėje kepti tembalą, pagamintą kepimo formoje; apie 20, jei naudosite ramekinus. (Jei nepatiekiama iš karto, palikite keptuvėje su vandeniu išjungtoje orkaitėje, pravertomis durelėmis arba, jei reikia, pašildykite.)

Norėdami išformuoti kepimo formoje pagamintą tembalą, leiskite nusistovėti 5 minutes, jei ką tik baigėte kepti, tada apveskite peilį aplink tembalo kraštą. Lengvai sviestu pateptą karštą serviravimo indą apverskite aukštyn kojomis virš formos, tada apverskite du kartus, smarkiai trūktelėdami žemyn, ir tembalas atsidurs vietoje. Norėdami išimti ramekinus, apveskite peilį aplink kiekvieno krašto kraštą ir išpilkite ant kaitvietės ar lėkštės, kiekvieną kartą staigiai trūktelėdami žemyn.

Užpilkite padažu ant timbalo ar ramekinų ir aplink juos ir patiekite nedelsdami, likusį padažą perpildami į pašildytą dubenį.

Timbales geriausiai tinka kaip atskiras patiekalas su karšta prancūziška duona ir atšaldyta balta Burgundy, Graves arba Traminer.

40. Canard a l'Orange / Kepta antis su apelsinų padažu

INGRIDIENTAI:
ATLIEKA PADAŽUI
- Anties sparnų galai, kaklas, viduriai
- 2 V kepimo aliejaus
- 1 vidutinė morka, supjaustyta
- 1 vidutinio dydžio svogūnas, supjaustytas
- 1 puodelis jautienos sultinio
- 2 puodeliai vandens
- 4 petražolių šakelės, 1 lauro lapas ir ¼ šaukštelio šalavijų

Apelsino žievelė
- 4 ryškiaspalviai apelsinai, bambos arba Valensijos, jei įmanoma
- 1 litras vandens

ANTIES KEPSNIMAS
- Kepimo laikas: 1 valanda ir 30-40 minučių.
- 5 svarų. paruoštas virti ančiukas
- ½ šaukštelio druskos
- ⅛ šaukštelio pipirų
- ⅓ paruoštos apelsino žievelės
- Negili kepimo skarda su lentyna, pakankamai didelė, kad lengvai laikytų antį

TĘSTI SU PADAŽU; ORANŽINIAI SEGMENTAI
- 3 V granuliuoto cukraus
- ¼ puodelio raudonojo vyno acto
- 2 puodeliai ančių sultinio
- 2 Tb rodyklės šaknis sumaišyta su 2 Tb prievadu
- Likusią apelsino žievelę ir apelsinus

GALUTINIS SURINKIMAS IR TEIKIMAS
- ½ puodelio sauso uosto
- Paruoštas padažo pagrindas
- 2-3 Tb apelsinų likerio
- Lašai apelsinų trauktinės arba citrinos sulčių

- 2-3 šaukštai minkšto sviesto

INSTRUKCIJOS:
a) Anties sparnų galus, kaklą ir vidurius supjaustykite 1 colio gabalėliais. Apkepkite keptuvėje įkaitintame kepimo aliejuje su griežinėliais pjaustyta morka ir svogūnu. Perkelkite į sunkų puodą, įpilkite sultinio ir tiek vandens, kad apsemtų 1 coliu. Užvirkite, nugriebkite nuosėdas, tada suberkite žoleles ir troškinkite 2-2,5 valandos. Nukoškite, nugriebkite visus riebalus ir virkite, kol turėsite 2 puodelius skysčio. Kai atvės, uždenkite ir šaldykite, kol prireiks.
b) Daržovių skustuvu juostelėmis nuimkite tik oranžinę odos dalį. Supjaustykite smulkiais julienne (mažomis juostelėmis ne daugiau kaip 1/16 colio pločio ir 1,5 colio ilgio). Virkite 15 minučių 1 litre vandens, kad pašalintumėte kartumą; tada nusausinkite, nuplaukite šaltu vandeniu ir nusausinkite popieriniuose rankšluosčiuose. Dalis žievelės patenka į padažą; dalis, anties viduje. Įvyniokite jį į vaškuotą popierių ir, jei nesate pasiruošę naudoti, laikykite šaldytuve. Iš dalies nuluptus apelsinus suvyniokite ir atšaldykite iki vėliau.
c) Paruoškite antį taip, kaip aprašyta recepto pradžioje; gerai išdžiovinkite, pagardinkite ertmę druska, pipirais ir suberkite apelsino žievelę. Pritvirtinkite sparnus ir kojas prie kūno ir uždarykite ertmę. Norint tiksliai nustatyti laiką, antis turi būti kambario temperatūros.
d) Jei antį kepate ant besisukančio iešmo, naudokite vidutiniškai aukštą šilumą. Norėdami kepti orkaitėje, įkaitinkite iki 450 laipsnių ir ant grotelių padėkite ant grotelių keptuvėje; po 15 minučių sumažinkite orkaitę iki 350 laipsnių, tada kas 15 minučių apverskite antį iš vienos

pusės į kitą, o paskutines 15 minučių – ant nugaros. Basti nereikia.

e) Kad suprastumėte, kada antis iškeps, šakute įsmeikite storiausią blauzdos vietą: sultys turi tekėti šiek tiek rausvos iki skaidrios; kai antis nusausinama, paskutiniai sulčių lašai iš ventiliacijos turi tekėti nuo silpnai rausvos iki skaidrios geltonos spalvos.

f) Nedideliame puode sumaišykite cukrų ir actą, pasukite ant ugnies, kad cukrus visiškai ištirptų, tada greitai virkite, kol mišinys taps karamelės rudos spalvos. Nukelkite nuo ugnies ir įmuškite pusę antienos sultinio; troškinkite, maišydami, kad ištirptų karamelė. Nukelkite nuo ugnies, supilkite likusį ančių sultinį ir įmaišykite šaknų mišinį. Įdėkite apelsino žievelę ir troškinkite 3–4 minutes; kruopščiai sureguliuokite prieskonius. Padažas bus šiek tiek sutirštėjęs ir skaidrus.

g) Prieš patiekiant, nupjaukite baltą apelsinų nuluptą dalį, o tada supjaustykite apelsinus į tvarkingus, be odelės segmentus – jei darysite per toli į priekį, segmentai nebus švieži. Šaldykite uždengtame dubenyje iki patiekimo.

h) Kai antis iškeps, padėkite ant serviravimo lėkštės ir išmeskite santvaras; laikykite šiltai išjungtoje orkaitėje, kol paruošite patiekti. Iš keptuvės išimkite riebalus, supilkite portveino vyną ir mediniu šaukštu išspauskite visas sukrešėjusias kepimo sultis. Supilkite mišinį į padažą ir užvirkite, įpildami apelsinų likerio. Atidžiai ragaukite; įlašinkite lašelių trauktinės arba citrinos sulčių, jei padažas atrodo per saldus. Prieš patiekdami, nukelkite nuo ugnies ir po šaukštą supilkite į sviestą.

i) Anties krūtinėlę papuoškite oranžiniais gabalėliais, o likusius segmentus sukraukite abiejuose lėkštės galuose;

šaukštu padažo ir nulupkite antį, likusią dalį supilkite į šiltą padažo indą ir patiekite.

41. Canard a La Montmorency

INGRIDIENTAI:
1 V citrinos sulčių
3 Tb porto arba konjako
Cukrus pagal skonį (2-3 šaukštai)
4 puodeliai vyno skonio mėsos želė puode
12 colių serviravimo lėkštė
$4\frac{1}{2}$ svaro. kepta antiena, atšaldyta ir supjaustyta porcijomis

INSTRUKCIJOS:
Vyšnias sumeskite į dubenį su citrinos sultimis, portveinu arba konjaku ir cukrumi. Leiskite jiems maceruotis (kietai) 20–30 minučių. Tada į mėsos želė supilkite vyšnias ir jų maceracijos sultis. Jei naudojate šviežias vyšnias, pakaitinkite žemiau ant silpnos ugnies 3-4 minutes, kad švelniai, nesprogdami išvirtų; pašildykite 1 minutę tik konservuotoms vyšnioms. Nusausinkite ir atvėsinkite.

Į lėkštę supilkite $\frac{1}{8}$ colio šiltos želė sluoksnį ir atvėsinkite 15–20 minučių, kol sustings. Nulupkite odą nuo raižytos anties ir ant lėkštės išdėliokite patrauklaus dizaino anties gabalėlius ant atšaldyto želė sluoksnio. Ant anties užpilkite sluoksnį šalto sirupo želė (pirmasis sluoksnis nelabai prilips), atvėsinkite 10 minučių ir kartokite su sluoksniais iš eilės, kol pasidarys 1/16 colio danga.

Atšaldytas vyšnias panardinkite į šiek tiek sirupo želė, išdėliokite ant anties ir vėl atvėsinkite, kol sustings. Ant anties ir vyšnių uždėkite paskutinį ar du želė sluoksnį. Likusią želė supilkite į lėkštę, atvėsinkite, susmulkinkite ir supilkite antį. Jei turite papildomų želė, galbūt norėsite padaryti daugiau dekoracijų su želė išpjovomis. Šaldykite antį iki patiekimo – galite paruošti patiekalą prieš dieną.

42. Homardas a l'Américaine

INGRIDIENTAI:
OMARŲ TRODINIMAS
Trys 1½ svaro. gyvi omarai
3 Tb alyvuogių aliejaus
Sunki 12 colių emaliuota keptuvė arba troškintuvas
Troškinti vyne ir kvapiosiose medžiagose
1 vidutinė morka, smulkiai pjaustyta
1 vidutinio dydžio svogūnas, smulkiai pjaustytas
Druskos ir pipirų
3 Tb maltų askaloninių česnakų arba laiškinių svogūnų
1 skiltelė trinto česnako
⅓ puodelio konjako
1 svaras pomidorai, nulupti, išskobti, išspausti sultimis ir supjaustyti; arba ⅓ puodelio paprasto pomidorų padažo
2 šaukštai pomidorų pastos arba daugiau pomidorų padažo, jei reikia
1 puodelis žuvies sultinio arba ⅓ puodelio moliuskų sulčių
1 puodelis sauso balto vermuto
½ puodelio jautienos sultinio arba sultinio
2 V maltų petražolių
1 šaukštelis džiovinto peletrūno arba 1 valgomasis šaukštas šviežio peletrūno
BAIGIAMAS OMARAS
Omarų koralai ir žalioji medžiaga
6 V minkšto sviesto
Sietas, nustatytas virš 2 litrų dubens
Medinis šaukštas
APTAVIMAS
Garuose virtų ryžių arba rizoto žiedas ant karštos, lengvai sviestu pateptos lėkštės
2-3 TB maltų petražolių arba petražolių ir šviežio peletrūno

INSTRUKCIJOS:

Paruoškite omarus, kaip aprašyta ankstesnėje pastraipoje. Keptuvėje įkaitinkite aliejų iki labai karšto, bet nerūko. Sudėkite omarų gabalėlius mėsa į apačią ir keletą minučių pakepinkite juos apversdami, kol lukštai taps ryškiai raudoni. Išimkite omarą į garnyrą.
Įkaitinkite orkaitę iki 350 laipsnių.
Į keptuvę įmaišykite kubeliais pjaustytas morkas ir svogūną ir lėtai kepkite 5 minutes arba kol beveik suminkštės. Pagardinkite omarą druska ir pipirais, grąžinkite į keptuvę ir suberkite askaloninius svogūnus arba laiškinius svogūnus ir česnaką. Keptuve ant vidutinės ugnies supilkite konjaką. Nukreipkite veidą, padegkite konjaką degtuku ir lėtai purtykite keptuvę, kol liepsnos nuslūgs. Sumaišykite likusius ingredientus, užvirkite, uždenkite ir lėtai kepkite ant viryklės arba įkaitintos orkaitės viduriniame lygyje. Sureguliuokite šilumą, kad omarai tyliai troškintųsi 20 minučių.
Kol omaras troškinasi, per sietelį į dubenį supilkite omarų koralus ir žaliąsias medžiagas su sviestu. Atidėti.
Kai omaras bus paruoštas, išimkite jį į garnyrą. (Jei reikia, išimkite mėsą iš lukštų.) Keptuvę su virimo skysčiu padėkite ant stiprios ugnies ir greitai virkite, kol padažas sumažės ir šiek tiek sutirštės; vėliau įdėjus sviesto ir koralų mišinį jis labiau sutirštės. Labai atsargiai paragaukite prieskonių. Grąžinkite omarą į padažą.
Receptas gali būti baigtas iki šio taško ir baigtas vėliau.
Troškinkite omarą, kol gerai įkais. Nuimkite nuo ugnies. Į koralų ir sviesto mišinį įlašinkite pusę puodelio karšto padažo, tada supilkite mišinį atgal ant omaro. Sukratykite ir

sukite keptuvę ant mažos ugnies 2–3 minutes, kad išvirtų koralai ir padažas sutirštėtų, tačiau neužvirinkite.

Omarą ir padažą išdėliokite ryžių žiede, papuoškite žolelėmis ir iškart patiekite. Geriausias pasirinkimas būtų stiprus, sausas baltasis vynas, pavyzdžiui, Burgundijos ar Côtes du Rhône.

43. Potee Normande: Pot-Au-Feu

INGRIDIENTAI:
JAUTIENA IR KIAULIENA ARBA VERŠIENA
- Virdulys pakankamai didelis, kad tilptų visi recepte išvardyti ingredientai
- 4 svarų. jautienos kepsnys be kaulų
- 4 svarų. kiaulienos arba veršienos mentės be kaulų
- po 2 salierų šonkauliukus, morkas, svogūnus
- 1 svaras jautienos ir veršienos kaulai, įtrūkę
- Didelė žolelių puokštė: 8 petražolių šakelės, 6 pipirų žirneliai, 4 skiltelės, 3 skiltelės česnako, 2 šaukšteliai čiobrelių, 2 lauro lapai, surišti į išplautą marlę
- 2 V. druskos

VIŠTA IR Įdaras
- 4 puodeliai pasenusių baltos duonos trupinių
- Didelis maišymo dubuo
- nuo $\frac{1}{4}$ iki $\frac{1}{2}$ puodelio sultinio arba pieno
- $\frac{1}{4}$ puodelio lydyto sviesto
- $\frac{1}{4}$ puodelio kubeliais pjaustyto virto kumpio
- 3 uncijos ($\frac{1}{2}$ pakuotės) grietinėlės sūrio
- $\frac{1}{2}$ šaukštelio čiobrelių
- 1 kiaušinis
- Susmulkintos vištienos kepenėlės, širdis ir nuluptas skilvelis, prieš tai pakepintas svieste su $\frac{2}{3}$ puodeliu smulkintų svogūnų
- Druska ir pipirai pagal skonį
- 4 svarų. troškinti vištieną

DARŽOVIŲ GARYNAS IR DEŠRA
- Morkos, nuluptos ir supjaustytos ketvirčiais
- Ropės, nuluptos ir supjaustytos ketvirčiais
- Svogūnai, nulupti, šaknų galiukai pradurti
- Porai, supjaustyti 6–8 colių ilgio, žalioji dalis perskelta išilgai, kruopščiai nuplauti

- Visa lenkiška dešra arba atskiros itališkos dešrelės

INSTRUKCIJOS:

a) Jautieną ir kiaulieną ar veršieną tvirtai suriškite; prie kiekvieno mėsos gabalo pritvirtinkite pakankamai ilgą virvelę, kad būtų galima pritvirtinti prie virdulio rankenos. Įdėkite jautieną į virdulį; pririškite virvelę prie rankenos. Suberkite daržoves, kaulus, žolelių puokštę, druską ir užpilkite 6 coliais šaltu vandeniu. Užvirinkite, nugriebkite nuosėdas ir troškinkite 1 valandą. Tada pridėkite veršienos arba kiaulienos.

b) Į dubenį suberkite duonos trupinius, sudrėkinkite trupučiu sultinio arba pieno, tada įmuškite sviestą, kumpį, sūrį, čiobrelius, kiaušinį ir vidurius, pagal skonį pagardinkite druska ir pipirais. Vištieną įdarykite ir sutrinkite, pririškite prie jos ilgą virvelę, sudėkite į virdulį ir virvelės galą pririškite prie rankenos. Greitai grąžinkite virdulį, kad užvirtų, jei reikia, nugriebkite.

c) Paruoškite daržoves ir kiekvieną grupę suriškite į išplautą marlę; įdėkite į virdulį likus pusantros valandos iki numatomo virimo laiko pabaigos. Likus pusvalandžiui iki pabaigos įdėkite dešros arba dešrelių (surištų į marlę).

d) Mėsa ir vištiena yra pagaminti, kai šakutė lengvai perveria minkštimą. Jei pote pagaminsite prieš jums pasiruošę, jis išliks šiltas geras 45 minutes arba gali būti pašildytas.

APTAVIMAS

e) Norėdami patiekti, nusausinkite mėsą, supjaustykite ir išmeskite virveles, o mėsą ir vištieną išdėliokite ant didelės karštos lėkštės. Daržoves paskirstykite aplink, pabarstykite petražolėmis ir aptepkite trupučiu virimo sultinio. Dubenį virimo sultinio nukoškite ir nuriebalinkite, kad patietumėte su lėkšte.

f) Siūlomi priedai: virti ryžiai arba bulvės; pomidorų, kaparėlių arba krienų padažas; košerinė druska; marinuoti agurkai; Prancūziška duona; raudonasis arba rožinis vynas.

44. Filets De Poisson En Soufflé

INGRIDIENTAI:
ŽUVŲ BREKANDIJA
- $\frac{1}{2}$ svaro plekšnės be odos arba jūrų liežuvių filė
- Emaliuotas arba nerūdijančio plieno puodas
- $\frac{1}{2}$ puodelio sauso balto vermuto
- plius vanduo arba $1\frac{1}{2}$ puodelio baltojo vyno žuvies sultinio
- 1 valgomasis šaukštas maltų askaloninių česnakų, žaliųjų svogūnų arba laiškinių svogūnų
- Druskos ir pipirų

SOUFFLE MIŠINIS
- $2\frac{1}{2}$ Tb sviesto
- 3 Tb miltų
- $2\frac{1}{2}$ litrų puodas
- $\frac{3}{4}$ puodelio karšto pieno
- Druska, pipirai ir muskato riešutas
- 1 kiaušinio trynys
- 5 standžiai išplakti kiaušinių baltymai
- $\frac{1}{2}$ puodelio stambiai tarkuoto šveicariško sūrio

INSTRUKCIJOS:
a) Sudėkite žuvį į puodą su vermutu arba žuvies sultiniu ir pakankamai šalto vandens, kad apsemtų. Sudėkite askaloninius česnakus ir prieskonius.

b) Troškinkite neuždengtą apie 6 minutes arba tol, kol žuvis iškeps; išimkite žuvį į garnyrą. Greitai užvirinkite virimo skystį, kol turėsite apie $\frac{1}{2}$ puodelio; pusę pasilik suflė mišiniui, o likusią dalį – padažui.

c) Sviestą ir miltus kartu kepkite puode 2 minutes nedažydami. Nuimkite nuo ugnies. Šluotele plakite karštą pieną, tada $\frac{1}{4}$ puodelio žuvies kepimo skysčio. Maišydami užvirinkite 1 minutę. Nuimkite nuo ugnies. Įmuškite kiaušinio trynį. Įmaišykite vieną ketvirtadalį išplaktų kiaušinių baltymų, tada atsargiai įmaišykite likusius baltymus ir visus, išskyrus 2 šaukštus, sūrio.

SUFLIŲ KEPIMAS

d) Įkaitinkite orkaitę iki 425 laipsnių.
e) Lengvai ištepkite sviestu maždaug 16 colių ilgio ovalų ugniai atsparų lėkštę. Į lėkštės dugną paskleiskite $\frac{1}{4}$ colio suflė mišinio sluoksnį. Iškeptą žuvies filė susmulkinkite ir padalinkite į 6 dalis. Supilkite likusį suflė mišinį ant žuvies, sudarydami 6 kauburėlius.
f) Pabarstykite likusiu sūriu ir padėkite ant grotelių viršutiniame įkaitintos orkaitės trečdalyje. Kepkite 15–18 minučių arba tol, kol suflė išsipūs ir apskrus.

45. Cassule

INGRIDIENTAI:
PUPELĖS
- 8 litrų virdulys, kuriame yra 5 litrai greitai verdančio vandens
- 5 puodeliai (2 svarai) sausų baltųjų pupelių (Didžioji Šiaurės arba maža baltoji Kalifornija)
- $\frac{1}{2}$ svaro šviežios arba sūdytos kiaulienos žievelės
- 1 svaras liesa sūdyta kiauliena troškinta 10 minučių 2 litrais vandens
- Sunkus puodas
- 1 puodelis pjaustytų svogūnų
- Didelė žolelių puokštė: 8 petražolių šakelės, 4 neluptos česnako skiltelės, 2 skiltelės, $\frac{1}{2}$ šaukštelio čiobrelių ir 2 lauro lapai, surišti į išplautą marlę
- Druska

KIAULIENA
- $2\frac{1}{2}$ svaro. kiaulienos kepsnys be kaulų (nugarinė arba mentė), pašalintas riebalų perteklius

AVIENA
- $2\frac{1}{2}$ svaro. ėriuko mentė su kaulais
- 3-4 TB kepimo aliejaus
- Sunkus ugniai atsparus troškinys arba didelė keptuvė
- 1 svaras sutrūkinėję ėriukų kaulai
- 2 puodeliai maltų svogūnų
- 4 skiltelės trinto česnako
- 6 TB pomidorų pasta
- $\frac{1}{2}$ šaukštelio čiobrelių
- 2 lauro lapai
- 2 puodeliai sauso balto vermuto
- 3 puodeliai jautienos sultinio
- 1 puodelis vandens
- Druskos ir pipirų

NAMINIAI DEŠRELIAI
- 1 svaras (2 puodeliai) liesos maltos kiaulienos
- ⅓ svar. (⅔ puodelio) šviežių maltų kiaulienos riebalų
- 2 šaukšteliai druskos
- ⅛ šaukštelio pipirų
- Didelis žiupsnelis kvapiųjų pipirų
- ⅛ šaukštelio trupinto lauro lapo
- Nedidelė skiltelė sutrintas česnakas
- Neprivaloma: ¼ puodelio konjako arba armanjako ir (arba) 1 nedidelio susmulkinto triufelio ir sulčių iš skardinės

GALUTINĖ SURENGIMAS
- 2 puodeliai sausos baltos duonos trupinių
- ½ puodelio maltų petražolių
- 8 kv. liepsnai atsparus troškinys arba kepimo indas nuo 5 iki 6 colių aukščio
- 3 Tb kiaulienos kepimo riebalų arba lydyto sviesto

INSTRUKCIJOS:

a) Suberkite pupeles į verdantį vandenį. Greitai vėl užvirkite ir virkite 2 minutes. Nukelkite nuo ugnies ir leiskite pupelėms mirkti 1 valandą. Tuo tarpu kiaulienos žievelę sudėkite į puodą su 1 litru vandens, užvirinkite ir virkite 1 minutę. Nusausinkite, nuplaukite šaltu vandeniu ir pakartokite procesą. Tada žirklėmis supjaustykite žievelę ¼ colio pločio juostelėmis; supjaustykite juosteles į mažus trikampius. Vėl sudėkite į puodą, įpilkite 1 litrą vandens ir labai lėtai troškinkite 30 minučių; atidėkite puodą į šalį.

b) Kai tik pupelės išmirks 1 valandą, į virdulį įpilkite kiaulienos druskos, svogūnų, žolelių pakelio ir kiaulienos žievelės su virimo skysčiu. Užvirinkite, nugriebkite nuosėdas ir lėtai, neuždengę, troškinkite apie 1½ valandos arba tol, kol pupelės suminkštės. Įpilkite verdančio vandens, jei reikia virimo metu, kad pupelės būtų apsemtos. Virimo pabaigoje pagal skonį pagardinkite druska. Palikite pupeles virimo skystyje, kol jos bus paruoštos naudoti.

c) Kepkite kiaulieną iki 175 laipsnių vidinės temperatūros. Atidėkite, pasilikdami kepimo sultis.

d) Avieną supjaustykite 2 colių gabalėliais, gerai išdžiovinkite ir po kelis gabalėlius kepkite labai karštame kepimo aliejuje ugniai atspariame puode arba didelėje keptuvėje. Išimkite mėsą į garnyrą, apkepkite kaulus, išimkite juos ir lengvai apkepkite svogūnus. Nusausinkite ruduojančius riebalus, grąžinkite mėsą ir kaulus ir įmaišykite česnaką, pomidorų pastą, čiobrelius, lauro lapus, vyną ir sultinį. Užvirkite, lengvai pagardinkite, uždenkite ir lėtai troškinkite 1,5 valandos. Išmeskite kaulus ir lauro lapus, nugriebkite riebalus ir pagal skonį pagardinkite sultis druska ir pipirais.

e) Sumaišykite visus ingredientus; suformuokite 2 colių skersmens ir $\frac{1}{2}$ colio storio paplotėlius. Lengvai apkepkite keptuvėje ir nusausinkite ant popierinių rankšluosčių.

f) Nusausinkite pupeles, išmeskite žolelių pakelį, o sūdytą kiaulieną supjaustykite $\frac{1}{4}$ colio serviravimo griežinėliais. Iškeptą kiaulieną supjaustykite 1,5-2 colių porcijos gabaliukais. Pupelių arba kepimo indo dugne išdėliokite sluoksnį pupelių. Uždenkite erienos, kiaulienos, druskos kiaulienos ir dešros pyragų sluoksniu. Pakartokite su pupelių ir mėsos sluoksniais, baigdami dešros pyragų sluoksniu.

g) Supilkite erienos virimo sultis, kiaulienos kepimo sultis ir pakankamai pupelių virimo skysčio, kad vos padengtų viršutinį pupelių sluoksnį. Duonos trupinius ir petražoles sumaišykite, aptepkite pupeles ir dešreles ir pabarstykite riebalais arba sviestu. Atidėkite arba šaldykite, kol paruošite galutinį gaminimą.

KEPIMO

h) Įkaitinkite orkaitę iki 400 laipsnių.
i) Troškintuvą užvirkite ant viryklės, tada padėkite į viršutinį įkaitintos orkaitės trečdalį. Kai viršus lengvai apskrus, maždaug per 20 minučių įjunkite orkaitę iki 350 laipsnių. Šaukšto nugarėlėmis sulaužykite pupelių plutą ir aptepkite troškintuve esančiu skysčiu.
j) Pakartokite kelis kartus, kol plutelė vėl susiformuos, bet galutinę plutą palikite nepažeistą patiekimui. Jei skystis tampa per tirštas, įpilkite kelis šaukštus pupelių virimo sulčių. Cassoulet turi kepti apie valandą.

46. Coulibiac De Saumon En Croûte

INGRIDIENTAI:
TEŠLA TEŠLA
- 4 puodeliai universalių miltų (sijoti tiesiai į kiekvieną puodelį ir išlyginti peiliu)
- Didelis maišymo dubuo
- 1¾ lazdelių (7 uncijos) atšaldyto sviesto
- 4 Tb atšaldytų daržovių patrumpinimo
- 2 šaukšteliai druskos ištirpinti ¾ puodelio šalto vandens
- 1 ar daugiau Tb šalto vandens, jei reikia
- 2 V minkšto sviesto (uždengimui)

RYŽIAI
- 2 V smulkintų svogūnų
- 2 V sviesto
- Sunkus 2 litrų puodas
- 1½ puodelio sausų, žalių, paprastų ryžių
- 3 puodeliai žuvies arba vištienos sultinio
- Druskos ir pipirų

VIRŠUTINIS DANGELIS (PAMEŠTINĖ TEŠLA ARBA dribsniai)
- 2 V minkšto sviesto

LAŠIŠA IR GRYBAI
- 2 puodeliai smulkiai pjaustytų grybų, prieš tai pakeptų svieste
- ½ puodelio smulkiai pjaustytų askaloninių česnakų arba laiškinių svogūnų
- 2 V sviesto
- ½ puodelio sauso balto vermuto
- ¼ puodelio konjako
- 2½ puodelio lašišos be odos ir kaulų, konservuotos arba anksčiau virtos
- ½ puodelio maltų šviežių petražolių
- 1 šaukštelis raudonėlio arba peletrūno

- Druskos ir pipirų

DĖKLOS PILDYMAS IR DEKORATIMAS
- 2 puodeliai gero skonio grietinėlės padažo, į kurį įmaišyta lašišos sulčių, jei tokių yra
- Kiaušinių glajus (1 kiaušinis išplaktas su 1 šaukšteliu vandens)

INSTRUKCIJOS:

a) Į dubenį suberkite miltus ir konditeriniu trintuvu arba pirštų galiukais sutrinkite į jį atšaldytą sviestą ir sutrinkite, kol masė taps panaši į rupius kukurūzų miltus. Vienos rankos pirštais greitai įmaišykite į vandenį, suspauskite tešlą, jei reikia, įpilkite daugiau vandens lašeliais, kad gautumėte lanksčią, bet ne drėgną ir lipnią tešlą.

b) Surinkite ją į rutulį, padėkite ant lentos ir greitai išstumkite du šaukštus jo gabalėlius ir išstumkite nuo savęs plaštakos kulnu 6 colių tepinėliu. Tai yra galutinis riebalų ir miltų sumaišymas. Suspauskite į rutulį, įvyniokite į vaškuotą popierių ir šaldykite 2 valandas arba tol, kol sutvirtės.

APATINĖ DĖLĖ

c) Įkaitinkite orkaitę iki 425 laipsnių.

d) Du trečdalius tešlos iškočiokite į $\frac{1}{8}$ colio storio ir pakankamai didelį stačiakampį, kad tilptų ant 13-14 colių ilgio ir 3 colių pločio kepimo formos išorinės dugno. Ištepkite sviestu keptuvės išorėje, apverskite ją aukštyn kojomis ir uždėkite ant jos tešlą, leiskite tešlai nusileisti iki 2 colių gylio. Išpjaukite tešlą tolygiai iš visų pusių ir subadykite šakutės dantukais. Kepkite 6-8 minutes įkaitintoje orkaitėje, kol tešla ką tik sustings ir pradės dažytis. Išimkite ir išimkite ant grotelių.

e) Likusią tešlą iškočiokite į stačiakampį, apatinę dalį ištepkite 1 šaukštu minkšto sviesto, o viršutinę dalį užlenkite, kad pasidengtų dugne. Pakartokite su kitu šaukštu sviesto. Įvyniokite į vaškuotą popierių ir atvėsinkite.
f) Svogūnus pakepinkite svieste puode 5 minutes, neleisdami jiems ruduoti. Įmaišykite ryžius, lėtai virkite kelias minutes, kol grūdeliai taps pieniški, tada įmaišykite sultinį. Užvirinkite, vieną kartą išmaišykite, tada uždenkite keptuvę ir virkite ant vidutinės ugnies nemaišant apie 18 minučių, kol ryžiai sugers skystį. Lengvai supurtykite šakute ir pagardinkite druska bei pipirais. (Gali būti padaryta iš anksto.)
g) Askaloninius česnakus arba laiškinius svogūnus lėtai kepkite svieste 2 minutes; įmaišykite grybus, vermutą ir konjaką ir pavirkite keletą minučių, kad išgaruotų alkoholis. Tada įmaišykite lašišą, petražoles ir peletrūną ir pakaitinkite kelias minutes, kad susimaišytų skoniai. Pagal skonį pagardinkite druska ir pipirais. (Gali būti padaryta iš anksto.)
h) Įkaitinkite orkaitę iki 425 laipsnių.
i) Padėkite konditerijos skardą ant lengvai sviestu išteptos kepimo skardos. Dėklo apačioje išdėliokite sluoksnį ryžių, uždenkite grybų ir lašišos sluoksniu, tada padažo sluoksniu. Pakartokite su ryžių, lašišos ir padažo sluoksniais, supilkite įdarą į kupolą, jei jis perpildytas.
j) Tešlą, skirtą viršutiniam dangčiui, iškočiokite į stačiakampį, kuris yra $1\frac{1}{2}$ colio ilgesnis ir platesnis iš abiejų pusių nei konditerijos dėklas. Dėklo šonus ištepkite plaktu kiaušiniu, padėkite ant tešlos dangtelio ir glaudžiai prispauskite prie dėklo, kad tvirtai užsisegtų. Iškočiokite tešlos likučius; supjaustyti įmantriomis

formomis. Uždenkite dangtelį kiaušinių glaistu, pritvirtinkite dekoracijas ir dažykite kiaušiniu.
k) Nubrėžkite šakutės dantis ant kiaušinių glajaus, kad padarytumėte kryžminius ženklus. Tešlos dangtelyje padarykite 2 aštuntosios colio skylutes ir įdėkite popieriaus arba folijos piltuvus; tai leis garams išeiti. (Jei norite užpildyti ir papuošti dėklą anksčiau laiko, atsisakykite kiaušinių glaisto, naudokite jį tik papuošimams klijuoti. Šaldykite iki kepimo laiko, tada aptepkite kiaušiniu.)
l) Kepkite vidutinio lygio iš anksto įkaitintoje orkaitėje 45-60 minučių (ilgiau, jei dėklas buvo atšaldytas), kol pyragas gražiai paruduos ir išgirsite per piltuvus sklindančius burbuliuojančius garsus.

APTAVIMAS

m) Greičiausiai su šiuo norėsite padažo; Valgant jį reikia šiek tiek drėkinti - lydytas sviestas, citrininis sviestas, lengvas grietinėlės padažas su citrinų aromatu, olandiškasis saldainis. Prie jo puikiai tinka sviestu patepti žirneliai, žalios arba mišrios daržovių salotos.
n) Patiekite baltąjį Burgundy arba Traminer vyną.

47. Veau Sylvie

INGRIDIENTAI:
VERŠIIENOS PJOVYMAS IR MARINAVIMAS
- 3½ svaro veršienos kepsnys be kaulų

MARINADO INGREDIENTAI
- ⅓ puodelio konjako
- ⅓ puodelio sauso Sercial Madeira
- ½ puodelio supjaustytų morkų ir svogūnų
- Didelė žolelių puokštė: 4 petražolių šakelės, 1 lauro lapas, ½ šaukštelio čiobrelių ir 4 pipirų žirneliai, surišti į išplautą marlę

VERŠIENOS ĮDARYMAS
- 6 ar daugiau 1/16 colio storio virto kumpio griežinėlių
- 12 ar daugiau 1/16 colio storio šveicariško sūrio griežinėlių
- Jei galite jį rasti arba užsisakyti: gabalėlis kaulo taukų (kiaulės košė)
- Sunki balta styga

KEPSNIŲ RUDUMAS
- 3 V sviesto
- 1 V kepimo aliejaus
- Uždengtas troškinys arba kepsnys, pakankamai didelis, kad tilptų mėsa

VERŠIENOS KEPSNIMAS
- ½ šaukštelio druskos
- ⅛ šaukštelio pipirų
- 2 juostelės riebios šoninės, troškintos 10 minučių 1 litre vandens, nuplaunamos ir išdžiovinamos (arba juostelė suet)
- Aliuminio folijos gabalas

PADAŽAS IR PATIEKIMAS
- Karštas serviravimo lėkštė
- 1 puodelis jautienos sultinio arba sultinio

- 1 Tb kukurūzų krakmolo, sumaišyto mažame dubenyje su 2 Tb Madeiros arba sultinio
- 2 V minkšto sviesto

INSTRUKCIJOS:
a) Padarykite keletą gilių lygiagrečių pjūvių kepsnyje maždaug 1 colio atstumu vienas nuo kito, pradedant nuo kepsnio viršaus ir kartu su grūdeliais eiti per mėsos ilgį nuo vieno galo iki kito ir ½ colio atstumu nuo apačios. kepsnio. Taip turėsite 3 arba 4 storus mėsos griežinėlius, kurių viršuje ir šonuose yra laisvi, tačiau jie visi yra sujungti apačioje.
b) Jei jūsų mėsoje yra daug raumenų atsiskyrimų, ji atrodys labai netvarkinga, bet vėliau vėl bus susieta. Jei norite mėsą marinuoti, dideliame dubenyje sumaišykite marinato ingredientus, sudėkite mėsą ir aptepkite skysčiu. Apverskite ir troškinkite kas valandą bent 6 valandas arba per naktį šaldytuve. Nusausinkite mėsą ir gerai išdžiovinkite prieš pereidami prie kito žingsnio.
c) Padėkite kepsnį taip, kad jo dugnas būtų ant jūsų pjaustymo lentos. Visiškai uždenkite kiekvieną mėsos lapą kumpio sluoksniu tarp dviejų sūrio sluoksnių, tada uždarykite mėsos lapus, kad iškeptų. (Jei turite kopūstų riebalų, apvyniokite jais kepsnį; jis laikys įdarą vietoje, o kepimo metu išsilydys.) Apvyniokite mėsą virvelėmis, kad išlaikytumėte formą. Dar kartą išdžiovinkite kepsnį popieriniais rankšluosčiais, kad jis gražiai apskrus.
d) Įkaitinkite orkaitę iki 450 laipsnių.
e) Nukoškite marinatą, kad atskirtumėte daržoves nuo skysčio (arba naudokite šviežias daržoves). Keptuvėje įkaitinkite sviestą ir aliejų ir lėtai kepkite marinatas daržoves 5 minutes. Pastumkite juos į keptuvės šonus, padidinkite ugnį iki vidutiniškai aukštos, įdėkite veršienos

nepjaustyta puse žemyn ir leiskite dugne 5 minutes paruduoti. Aptepkite keptuvėje esančiais riebalais, tada uždengtą troškinį dėkite į viršutinį įkaitintos orkaitės trečdalį, kad mėsos viršus ir šonai apskrustų apie 15 minučių. Keptuvėje kas 4 ar 5 minutes patepkite sviestu. (Jei naudojote kopūstų riebalus, kepsnį galite tiesiog apkepti keptuvėje, jei norite, tada pereikite prie kito veiksmo, praleisdami blanširuotą šoninę.)

f) Sumažinkite orkaitę iki 325 laipsnių. Supilkite marinato skystį, jei jį naudojote, mėsą pagardinkite druska ir pipirais. Ant mėsos ir folijos uždėkite šoninę arba suetą. Uždenkite troškintuvą ir padėkite į apatinį orkaitės trečdalį. Reguliuokite šilumą, kad mėsa keptų lėtai ir tolygiai maždaug 1,5 valandos. Mėsa iškepa, kai, giliai subadrus šakute, sultys nubėga skaidriai geltonai.

g) Išimkite mėsą į patiekimo lėkštę, išmeskite santvaras ir šoninę ar suetą.

h) Troškintuve nugriebkite sultis, supilkite sultinį arba sultinį ir troškinkite, nugriebdami riebalus, minutę ar dvi. Padidinkite ugnį ir greitai virkite ragaujant, kol skonis susikoncentruos. Nukelkite nuo ugnies, įmaišykite į kukurūzų krakmolo mišinį, tada virkite maišydami 2 minutes. Kruopščiai sureguliuokite prieskonius.

i) Nukelkite nuo ugnies ir pasukite sodrinimo svieste, kol jis susigers. Perkoškite į karštą padažo dubenį ir šaukštu uždėkite ant mėsos.

48. Filets De Sole Sylvestre

INGRIDIENTAI:
AROMATINIŲ DARŽOVŲ BRUNUOJAS
- Supjaustykite 1/16 colio kubeliais, iš viso pagamindami $1\frac{3}{4}$ puodelio: 2 vidutiniai svogūnai, 2 vidutinės morkos, 1 vidutinis saliero stiebas, 8 petražolių stiebai
- Mažas, sunkus uždengtas puodas
- 2 V sviesto
- $\frac{1}{2}$ lauro lapelio
- $\frac{1}{4}$ šaukštelio estragono
- $\frac{1}{8}$ šaukštelio druskos
- Žiupsnelis pipirų
- $\frac{1}{4}$ svaro švieži grybai supjaustyti 1/16 colio kubeliais

ŽUVIES GAMYBA
- 8 jūrų liežuvių, plekšnių arba merlangų filė, kurių dydis 9 x 2 coliai (2 vienam asmeniui)
- 1 puodelis sauso balto prancūziško vermuto
- Druskos ir pipirų
- 10-12 colių kepimo serviravimo indas, $1\frac{1}{2}$-2 colių gylio, sviestu pateptas
- nuo $\frac{1}{4}$ iki $\frac{1}{2}$ puodelio šalto vandens

PADAŽAS IR PATIEKIMAS
2 nerūdijančio plieno arba emaliuoti puodai
1 Tb sviesto
1 Tb miltų
1 V pomidorų tyrės arba pastos
4 ar daugiau Tb minkšto sviesto

INSTRUKCIJOS:
a) Pirmąją daržovių grupę supjaustę kuo smulkesniais kubeliais, virkite ant mažos ugnies su sviestu, žolelėmis ir prieskoniais apie 20 minučių. Jie turėtų būti visiškai

švelnūs ir blyškiausios auksinės spalvos. Tada sudėkite grybus ir lėtai virkite dar 10 minučių.

b) Įkaitinkite orkaitę iki 350 laipsnių.

c) Švelniai pabarstykite žuvį toje pusėje, kuri buvo šalia odos; tai gana pieniška pusė, o per ją užtraukus peilį, perpjaunama paviršiaus membrana, todėl kepant filė nesusiraukšlėja. Filė lengvai pasūdykite ir pabarstykite pipirais, per pusę įpjautos pusės uždėkite šaukštą virtų daržovių ir perlenkite į dvi dalis, pleišto formos. Žuvį vienu sluoksniu išdėliokite kepimo formoje.

d) Supilkite vermutą ir įpilkite tiek šalto vandens, kad beveik apsemtų žuvį. (Jei turite žuvies rėmą [kaulų struktūrą], padėkite jį ant žuvies.)

e) Uždenkite vaškuotu popieriumi. Jei jūsų kepimo indas yra atsparus ugniai, vos užvirkite ant viryklės, tada įdėkite į apatinį įkaitintos orkaitės trečdalį maždaug 8 minutes. Kitu atveju įdėkite indą tiesiai į orkaitę maždaug 12 minučių. Žuvis iškepama tada, kai šakutė lengvai perveria mėsą, o mėsa vos pleiskanoja. Neperkepkite. Gaminant padažą laikykite šiltai išjungtoje orkaitėje, pravertomis durelėmis.

f) Supilkite visą virimo skystį į vieną iš puodų ir greitai virkite, kol skysčio sumažės iki maždaug ⅔ puodelio. Kitame puode ištirpinkite sviestą, suberkite miltus ir lėtai, nedažydami, virkite 2 minutes. Nukelkite nuo ugnies ir stipriai įmaišykite į sumažintą virimo skystį, tada pomidorų skonį.

g) Prieš patiekdami, nukelkite nuo ugnies ir įmaišykite minkštą sviestą, po ½ šaukšto. (Padažas negali būti pašildytas, kai į jį įdedamas sviestas.)

h) Žuvį vėl nusausinkite, į padažą įpilkite skysčio. Padažą užpilkite ant žuvies ir nedelsdami patiekite.

49. Riz Etuvé au Beurre

INGRIDIENTAI:

- 1½ puodelio švarių, neplautų žalių ryžių
- Didelis virdulys, kuriame yra nuo 7 iki 8 litrų greitai verdančio vandens
- 1½ šaukštelio druskos vienam litrui vandens
- 2-3 Tb sviesto
- Druskos ir pipirų
- Sunkus 3 litrų puodas arba troškinys
- Apvalus sviestu pateptas vaškuotas popierius

INSTRUKCIJOS:

a) Palaipsniui berkite ryžius į verdantį pasūdytą vandenį, pildami pakankamai lėtai, kad vanduo nenukristų žemiau virimo temperatūros. Vieną kartą išmaišykite, kad įsitikintumėte, jog nė vienas grūdelis neprilipo prie virdulio dugno.

b) Virkite neuždengę ir vidutiniškai greitai 10–12 minučių. Pradėkite testuoti po 10 minučių, kramtydami iš eilės esančius ryžių grūdus. Kai grūdai yra pakankamai minkšti, kad nebūtų kietumo centre, bet dar nėra visiškai išvirę, nusausinkite ryžius kiaurasamtyje. Minutę ar dvi paplaukite po karštu tekančiu vandeniu, kad nuplautumėte ryžių miltų pėdsakus. (Būtent dėl to ir pervirimo ryžiai tampa lipnūs.)

c) Puode arba puode ištirpinkite sviestą ir įmaišykite druską bei pipirus. Kai tik ryžiai bus nuplauti, suverskite juos į keptuvę, šakute supurtykite, kad sumaišytumėte su sviestu ir prieskoniais.

d) Uždenkite sviestu išteptu vaškiniu popieriumi, tada uždėkite dangtį. Garinkite virš verdančio vandens arba, dar vandenyje, 325 laipsnių orkaitėje 20–30 minučių, kol grūdai išbrinks ir ryžiai suminkštės. Jei nepateiksite iš

karto, nukelkite nuo ugnies ir atidėkite tik padengtą vaškuotu popieriumi.
e) Norėdami pašildyti, uždenkite ir padėkite ant verdančio vandens maždaug 10 minučių. Prieš patiekdami pagal skonį įberkite druskos ir pipirų.

50. Risotto a La Piémontaise

INGRIDIENTAI:

2 V sviesto
Puodas storu dugnu 2 kvortų
1¼ puodelio neplautų žalių baltųjų ryžių
¼ puodelio sauso balto vermuto
2½ stiklinės vištienos sultinio arba sultinio
Druskos ir pipirų

INSTRUKCIJOS:

Ištirpinkite sviestą ant vidutinės ugnies. Suberkite ryžius ir lėtai maišykite medine šakute, kol grūdeliai taps permatomi, o po to palaipsniui taps pieno baltumo – apie 2 minutes.

Įpilkite vermuto ir leiskite susigerti, tada įmaišykite trečdalį vištienos sultinio arba sultinio. Sumažinkite ugnį ir leiskite ryžiams virti ant silpniausios ugnies 3–4 minutes, retkarčiais pamaišydami. (Šiuo metu pradėkite nuo veršienos ir vienu metu atlikite dvi operacijas.)

Kai skystis susigers, įmaišykite pusę likusio sultinio ir toliau virkite lėtai, retkarčiais pamaišydami medine šakute, o kai skystis vėl susigers, įpilkite paskutinio sultinio.

Kai šis pagaliau susigers, paragaukite ryžių. Jei ne taip minkšta, kaip norite, įpilkite dar šiek tiek sultinio arba vandens ir uždenkite keptuvę kelioms minutėms.

Ryžių kepimas turėtų trukti 15–18 minučių. Pagal skonį pagardinkite druska ir pipirais. (Jei tai daroma iš anksto, uždenkite ir pašildykite ant karšto vandens.)

51. Sauté De Veau (Ou De Porc) Aux Champignons

INGRIDIENTAI:

- nuo 1½ iki 2 svarų. veršienos arba kiaulienos nugarinės, supjaustytos 3/4 colio griežinėliais
- Sunki 10 colių keptuvė
- 2 V sviesto
- 1 V kepimo aliejaus
- 8-10 uncijų skardinė grybų stiebų ir gabalėlių
- ½ šaukštelio peletrūno, čiobrelių arba mišrių žolelių
- ¼ šaukštelio druskos; žiupsnelis pipirų
- Nebūtina: nedidelė trinto česnako skiltelė
- 2 arba 3 Tb smulkiai sumaltų laiškinių svogūnų
- ¼ puodelio Sercial Madeira arba sauso balto prancūziško vermuto

INSTRUKCIJOS:

Išdžiovinkite veršieną arba kiaulieną ant popierinių rankšluosčių. Keptuvėje įkaitinkite aliejų ir sviestą. Kai sviesto putos beveik nuslūgs, sudėkite mėsą ir troškinkite ant stiprios ugnies, dažnai maišydami, kol ji lengvai apskrus iš visų pusių. Sumažinkite ugnį ir toliau kepkite, retkarčiais pamaišydami, kol paspaudus pirštu mėsa sustings. (Bendras gaminimo laikas yra 7-10 minučių; per šį laikotarpį turėsite laiko pamąstyti apie ryžius, susmulkinti svogūnus ir petražoles bei surinkti sriubą.)

Grybus nusausinkite ir suberkite į mėsą. Pabarstykite žolelėmis, druska ir pipirais; neprivaloma pridėti česnako ir laiškinių svogūnų; trumpai pamaišykite, tada supilkite grybų sultis ir vyną. Užvirinkite, kad sumažėtų per pusę. Jei nesate pasiruošę patiekti, atidėkite į šalį ir, kai reikia, pašildykite.

52. Bouillabaisse a La Marseillaise / Viduržemio jūros žuvies sriuba

INGRIDIENTAI:
SRIUBOS PAGRINDAS
- 1 puodelis pjaustytų geltonųjų svogūnų
- ¾-1 puodelio griežinėliais pjaustytų porų, tik balta dalis; arba ½ puodelio daugiau svogūnų
- ½ puodelio alyvuogių aliejaus
- Sunkus 8 kvartų virdulys arba puodas
- 2-3 puodeliai pjaustytų šviežių pomidorų arba 1¼ puodelio nusausintų konservuotų pomidorų arba ¼ puodelio pomidorų pastos
- 4 skiltelės trinto česnako
- 2½ litro vandens
- 6 petražolių šakelės
- 1 lauro lapas
- ½ šaukštelio čiobrelių arba baziliko
- ⅛ šaukštelio pankolio
- 2 dideli žiupsneliai šafrano
- 2 colių gabalas arba ½ šaukštelio džiovintos apelsino žievelės
- ⅛ šaukštelio pipirų
- 1 V. druskos (nėra, jei naudojate moliuskų sultis)
- nuo 3 iki 4 svarų. žuvų galvos, kaulai ir atraižos, įskaitant vėžiagyvių liekanas; arba 1 litras moliuskų sulčių ir 1½ litro vandens, be druskos

BOUILLABAISSE GAMYBA
- Sriubos pagrindas
- nuo 6 iki 8 svarų. liesos žuvies ir, jei pageidaujate, vėžiagyvių asorti, parinkti ir paruošti pagal recepto pradžioje pateiktas instrukcijas

APTAVIMAS
- Kaitvietė
- Sriubos troškinys arba sriubos troškinys

- Skrudintos prancūziškos duonos apskritimai
- ⅓ puodelio grubiai pjaustytų šviežių petražolių

INSTRUKCIJOS:

a) Svogūnus ir porus lėtai kepkite alyvuogių aliejuje 5 minutes nekepdami. Įmaišykite pomidorus ir česnaką ir kepkite dar 5 minutes.

b) Į virdulį įpilkite vandens, žolelių, prieskonių ir žuvies arba moliuskų sulčių. Užvirinkite, nugriebkite ir neuždengę lėtai virkite 30–40 minučių. Nukoškite, tinkamai pagardinkite. Atidėkite į šalį, neuždengę, kol atvės, jei iš karto nebaigsite bouillabaisse, tada atšaldykite.

c) Sriubos pagrindą greitai užvirkite virdulyje maždaug 20 minučių prieš patiekiant. Įpilkite omarų, krabų ir kietos žuvies. Greitai vėl užvirkite ir greitai virkite neuždengę 5 minutes. Tada sudėkite minkštą žuvį, moliuskus, midijas ir šukutes. Vėl užvirinkite 5 minutes. Neperkepkite.

d) Iš karto ištraukite žuvį ir išdėliokite ant lėkštės. Atsargiai paragaukite sriubos prieskonių, įdėkite 6–8 riekeles duonos į tešlą ir supilkite sriubą. Ant žuvies uždėkite šaukštą sriubos, o žuvį ir sriubą pabarstykite petražolėmis. Patiekite iš karto.

e) Prie stalo kiekvienas svečias patiekiamas arba patiekiamas tiek žuvies, tiek sriubos, dedant į didelę sriubos lėkštę. Valgykite bouillabaisse su dideliu sriubos šaukštu ir šakute, kartu su papildomais prancūziškos duonos gabalėliais. Jei norite patiekti vyną, galite rinktis rožinį, stiprų sausą baltąjį vyną, pvz., Côtes du Rhône arba Riesling, arba lengvą, jauną raudoną, pavyzdžiui, Božolė ar naminį Mountain Red.

53. Salpicón De Volaille

INGRIDIENTAI:
- 3 V sviesto
- Didelė keptuvė arba puodas
- 3-4 Tb maltų askaloninių česnakų arba laiškinių svogūnų
- 3-4 puodeliai vištienos arba kalakutienos, supjaustytos $\frac{3}{8}$ colio kubeliais
- Apie 2 puodeliai kubeliais pjaustyto virto kumpio arba liežuvio
- Druskos ir pipirų
- $\frac{1}{2}$ šaukštelio estragono arba raudonėlio
- $\frac{1}{2}$ puodelio sauso balto vermuto
- Neprivalomi priedai: puodelis virtų grybų, agurkų, žaliųjų paprikų, žirnių, šparagų ar brokolių; 1 arba 2 kubeliais pjaustyti kietai virti kiaušiniai
- 2-3 puodeliai tiršto velouté padažo (žr. pastabą žemiau)

INSTRUKCIJOS:
Puode arba keptuvėje ištirpinkite sviestą, įmaišykite askaloninius česnakus arba laiškinius svogūnus ir lėtai virkite 1 minutę. Įmaišykite vištieną arba kalakutieną, kumpį arba liežuvį, pagardinkite druska, pipirais ir žolelėmis. Padidinkite ugnį ir plakite kartu 2 minutes, kad mėsa sušiltų su prieskoniais. Supilkite vyną; greitai virkite, kol skystis beveik išgaruos. Įpilkite neprivalomų priedų ir pakankamai velouté padažo, kad padengtumėte visus ingredientus. Atidžiai paragaukite, ar norite pagardinti. Jei nenaudosite iš karto, užtepkite ant viršaus grietinėlės arba lydyto sviesto ir, kai reikia, pašildykite.

54. Poulet Grillé Au Naturel / Plain Broiled Chicken

INGRIDIENTAI:

2½ svaro. kepta vištiena
2 V sviesto
1 V kepimo aliejaus
Negili kepimo skarda arba kepimo indas
Druska
2 Tb maltų askaloninių česnakų arba laiškinių svogūnų
½ puodelio jautienos arba vištienos sultinio

INSTRUKCIJOS:

Vištieną kruopščiai nusausinkite popieriniais rankšluosčiais. Ištirpinkite sviestą su kepimo aliejumi, aptepkite vištieną ir išdėliokite odele žemyn keptuvėje arba kepimo inde. Vištieną dėkite taip, kad mėsos paviršius būtų 5-6 colių atstumu nuo karšto broilerio elemento; vištiena turi virti lėtai ir nepradėti ruduoti 5 minutes. Po 5 minučių aptepkite vištieną sviestu ir aliejumi; jis turėtų tik pradėti ruduoti. Atitinkamai reguliuokite šilumą. Po 5 minučių vėl patepkite sviestu ir aliejumi, o 15 minučių pabaigoje dar kartą patepkite, pabarstykite druska ir apverskite vištienos odele į viršų. Tęskite troškinimą, troškinkite kas penkias minutes (naudodami riebalus ir sultis keptuvėje) dar 15 minučių arba tol, kol spaudžiant blauzdeles suminkštės, o sultys taps skaidrios geltonos, kai giliai įsmeigiama mėsingiausia tamsios mėsos dalis.

Išimkite vištieną į karštą lėkštę, iš keptuvės nugriebkite visus riebalus, išskyrus 2 šaukštus, ir įmaišykite askaloninius česnakus arba laiškinius svogūnus. Virkite ant viryklės, maišydami, trumpai, tada supilkite sultinį. Greitai virkite, į sultinį braukdami sukrešėjusias sultis, kol skystis sumažės iki sirupo konsistencijos. Supilkite ant vištienos ir patiekite. (Norėdami patiekti, perpjaukite per pusę išilgai per krūtinkaulį, tada pakelkite kiekvieną kojos dalį ir ištraukite nuo krūtinės.)

55. Poulet Grillé a La Diable

INGRIDIENTAI:

2½ svaro. kepta vištiena
2 V sviesto
1 V kepimo aliejaus
3 Tb Dijon tipo (stiprių) paruoštų garstyčių
1½ Tb maltų askaloninių česnakų arba laiškinių svogūnų
¼ šaukštelio čiobrelių, baziliko arba peletrūno
3 lašai Tabasco padažo
1 puodelis šviežios baltos duonos trupinių (iš naminės duonos)

INSTRUKCIJOS:

Vištieną apkepkite, kaip aprašyta ankstesniame recepte, bet kepkite 10 minučių tik iš kiekvienos pusės. Mažame dubenyje sutrinkite garstyčias, askaloninius svogūnus arba laiškinius svogūnus, žoleles ir tabasco; tada lašas po lašo supilkite pusę riebalų ir sulčių iš keptuvės, kad gautumėte majonezą primenantį padažą. Likusius riebalus ir sultis pasilikite vėlesniam laikui.

Vištienos apačią (ne odelę) ištepkite puse garstyčių mišinio ir padenkite duonos trupinių sluoksniu. Padėkite vištieną odele žemyn ant grotelių ant kepimo skardos ir apšlakstykite puse rezervuotų kepimo sulčių. Grąžinkite vištieną į karštą broilerį 5-6 minutėms, kol trupiniai gražiai apskrus. Apverskite vištieną odele į viršų, aptepkite likusiomis garstyčiomis, apibarstykite trupiniais ir aptepkite paskutinėmis kepimo sultimis. Grįžkite į broilerį dar 5-6 minutėms arba tol, kol vištiena iškeps.

56. Pois Frais En Braisage / Žirniai, troškinti su salotomis

INGRIDIENTAI:

2 svarai. švieži žirneliai (apie 3 puodeliai, lukštenti)
1 vidutinio dydžio bostono salotos, nuplautos ir susmulkintos
½ šaukštelio druskos
1-2 Tb cukraus (priklausomai nuo žirnių saldumo)
4 Tb maltų laiškinių svogūnų
4 V minkšto sviesto
Puodas storu dugnu

INSTRUKCIJOS:

Į puodą suberkite žirnelius ir likusius ingredientus ir viską grubiai suspauskite rankomis, kad žirniai šiek tiek sumuštų. Įpilkite šalto vandens, kad žirniai vos apsemtų. Uždėkite ant vidutinės ugnies, sandariai uždenkite keptuvę ir virkite 20-30 minučių; po maždaug 20 minučių patikrinkite, ar žirniai yra minkšti, valgydami vieną. Virkite, kol žirniai suminkštės ir išgaruos skystis; Jei reikia, įpilkite dar 2-3 šaukštus vandens. Teisingai pagardinkite ir patiekite. (Jei nepatiekiama iš karto, atidėkite neuždengtą. Pakaitinkite su 2 šaukštais vandens, uždenkite ir trumpai ar dvi pavirkite, dažnai maišydami, kol žirniai bus karšti.)

57. Potage Crème De Cresson / Cream of Watercress Soup

INGRIDIENTAI:
VANDENS KRĖLIŲ KURIMAS
- ½ puodelio maltų svogūnų
- 3 V sviesto
- 3 litrų uždengtas puodas
- 3-4 supakuoti puodeliai šviežių rėžiukų lapų ir švelnių stiebų, nuplauti ir išdžiovinti rankšluosčiu
- ½ šaukštelio druskos

Troškinti
- 3 Tb miltų
- 5½ stiklinės verdančio vištienos sultinio

GALUTINĖS PRASTURTINIMO
- 2 kiaušinių tryniai sumaišyti dubenyje su ½ puodelio riebios grietinėlės
- 1-2 V minkšto sviesto

INSTRUKCIJOS:

a) Svogūnus lėtai pakepinkite svieste puode apie 10 minučių. Kai suminkštės ir taps skaidrūs, įmaišykite vandens rėžiukus ir druską, uždenkite ir lėtai virkite 5 minutes arba kol visiškai suvys.

b) Suberkite miltus į rėžių mišinį ir maišykite ant vidutinės ugnies 3 minutes. Nukelkite nuo ugnies, supilkite karštą sultinį ir troškinkite 5 minutes. Sutrinkite per maisto malūną, grąžinkite į puodą ir pataisykite prieskonius. Prieš patiekdami atidėkite į šalį ir vėl pakaitinkite, kol užvirs.

c) Puodelį karštos sriubos lašintuvais supilkite į trynius ir grietinėlę, plona srovele palaipsniui įmaišykite likusią sriubos dalį. Grąžinkite sriubą į puodą ir maišykite ant vidutinės ugnies akimirką ar dvi, kad išplaktų kiaušinių tryniai, bet neužvirkite. Nukelkite nuo ugnies ir po šaukštą įmaišykite sodrinimo sviestą.

d) Kad patiektumėte šaltą, praleiskite galutinį sviesto sodrinimą ir atvėsinkite. Jei per tiršta, prieš patiekdami įmaišykite daugiau grietinėlės.

58. Navarin Printanier / Avienos troškinys su morkomis

INGRIDIENTAI:
- Krūtinė, skirta riebalams ir tekstūrai
- Pečiai, skirti liesoms, tvirtoms detalėms
- Trumpi šonkauliai, skirti tekstūrai ir skoniui
- Kaklas, skirtas tekstūrai ir padažo konsistencijai

AVIENOS RUDAVIMAS
- 3 svarai. Avienos troškinys
- 3-4 TB kepimo aliejaus
- 10-12 colių keptuvė
- 5-6 litrų ugniai atsparus troškinys arba olandiška orkaitė
- 1 V granuliuoto cukraus
- 1 šaukštelis druskos
- $\frac{1}{4}$ šaukštelio pipirų
- 3 Tb miltų

KRŪTIS
- 2-3 puodeliai rudos ėrienos arba jautienos sultinio arba konservuoto jautienos sultinio
- 3 vidutiniai pomidorai, nulupti, išskobti, išspausti sultimis ir supjaustyti; arba 3 v. pomidorų pastos
- 2 skiltelės trinto česnako
- $\frac{1}{4}$ šaukštelio čiobrelių arba rozmarinų
- 1 lauro lapas

ŠAKNINIŲ DARŽOVŲ DĖDIMAS
- 6-12 „verdančių" bulvių
- 6 ropės
- 6 morkos
- 12-18 mažų baltų svogūnų, maždaug 1 colio skersmens

ŽALIŲJŲ DARŽOVŲ DĖDIMAS
- 1 puodelis lukštentų žaliųjų žirnelių (apie $\frac{2}{3}$ lb. negliaudytų)
- 1 puodelis šparaginių pupelių (apie $\frac{1}{4}$ svaro), supjaustytas $\frac{1}{2}$ colio gabalėliais

- 3-4 litrų verdančio vandens
- 1½-2 šaukštai druskos

INSTRUKCIJOS:

a) Pašalinkite visus riebalų perteklių ir nukritusią arba dengiančią membraną. Mėsą supjaustykite 2 colių kubeliais, sveriančiais nuo 2 iki 2½ uncijos. Mėsoje likę kaulai suteiks padažui papildomo skonio; daugumą jų galima išimti prieš patiekiant.

b) Avienos gabaliukus gerai išdžiovinkite popieriniais rankšluosčiais. Keptuvėje įkaitinkite aliejų, kol beveik parūks, ir apkepkite avieną iš visų pusių, po kelis gabalėlius. Apkepusią ėriuką perkelkite į troškintuvą arba olandišką orkaitę.

c) Pabarstykite cukrumi ir troškinkite ėrieną ant vidutiniškai stiprios ugnies 3-4 minutes, kol cukrus paruduos ir karamelizuosis - tai suteiks padažui gražią gintaro spalvą. Tada suberkite mėsą su prieskoniais ir miltais ir kepkite ant vidutinės ugnies 2-3 minutes, maišydami, kad miltai apskrus.

d) Įkaitinkite orkaitę iki 350 laipsnių.

e) Iš keptuvės išpilkite riebalus, supilkite 2 puodelius sultinio arba sultinio ir užvirinkite, nubraukdami sukrešėjusias kepimo sultis. Supilkite į troškintuvą ant avienos ir užvirinkite, purtydami troškinį, kad susimaišytų. Tada supilkite pomidorus arba pomidorų pastą, česnaką, žoleles ir tiek, kad apsemtų avieną.

f) Užvirinkite, uždenkite troškintuvą ir lėtai troškinkite ant viryklės arba įkaitintoje orkaitėje 1 valandą. Tada troškintuvo turinį supilkite į kiaurasamtį, pastatytą virš keptuvės.

g) Išskalaukite puodą. Pašalinkite palaidus kaulus ir grąžinkite ėrieną į troškintuvą. Keptuvėje nugriebkite

padažą, sureguliuokite prieskonius ir užpilkite padažu ant mėsos.
h) Nulupkite bulves ir supjaustykite maždaug 1,5 colio ilgio ovalus; padėkite į šaltą vandenį. Morkas ir ropes nulupkite ir supjaustykite ketvirčiais; supjaustyti $1\frac{1}{2}$ colio ilgio. Svogūnus nulupkite ir į šaknų galus įsmeikite kryžių, kad jie tolygiai iškeps. Kai ėriena bus paruošta, suspauskite daržoves į troškintuvą aplink ir tarp mėsos gabalėlių ir aptepkite padažu.
i) Užvirkite, uždenkite ir virkite maždaug valandą ilgiau arba tol, kol mėsa ir daržovės suminkštės, kai pradursite šakute. Nugriebkite riebalus, tinkamai pagardinkite prieskoniais ir suberkite žalias daržoves, kurios paruoštos taip:
j) Suberkite žirnelius ir pupeles į verdantį pasūdytą vandenį ir greitai virkite neuždengę apie 5 minutes arba kol daržovės beveik suminkštės. Nedelsdami nusausinkite kiaurasamtyje, tada 3 minutes paleiskite šaltu vandeniu, kad nustotų virti ir nusidažytų. Atidėkite, kol būsite pasiruošę naudoti. (Trškinys gali būti ruošiamas iš anksto. Atidėkite mėsą į šalį, uždenkite kreivai. Prieš tęsdami receptą, padėkite ant viryklės, kad užvirtų.)

APTAVIMAS
k) Prieš patiekdami, žirnelius ir pupeles sudėkite į troškintuvą ant kitų ingredientų ir aptepkite burbuliuojančiu padažu.
l) Uždenkite ir troškinkite apie 5 minutes, kol žalios daržovės suminkštės. Patiekite troškinį iš jo troškinimo arba išdėliokite ant karštos lėkštės.
m) Prie karštos prancūziškos duonos ir raudonojo Božolė, Bordo arba kalnų raudonojo vyno arba atšaldyto rožinio vyno.

59. Oie Braisée Aux Pruneaux / Troškinta žąsis su slyvų įdaru

INGRIDIENTAI:

SLYVŲ IR KEPENŲ Įdaras

- 40–50 didelių slyvų
- Žąsų kepenėlės, susmulkintos
- 2 Tb smulkiai sumaltų askaloninių česnakų arba laiškinių svogūnų
- 1 Tb sviesto
- ⅓ puodelio portveino
- ½ puodelio (4 uncijos) foie gras arba konservuotos kepenų pastos
- Susmulkinkite kiekvieną iš kvapiųjų pipirų ir čiobrelių
- Druskos ir pipirų
- 3-4 Tb sausų baltos duonos trupinių

ŽŪSŲ PARUOŠIMAS IR RUDUMAS

- 9 svarų. paruošta virti žąsis
- 1 Tb druskos
- Keptuvė

ŽŪSŲ KRŪTIS

- Numatomas gaminimo laikas: 2 valandos ir 20–30 minučių.
- Žąsies kaklas, sparnų galai, skilvelis ir širdis
- ½ puodelio supjaustytų morkų ir svogūnų
- 2 Tb žąsų riebalų
- Dengtas kepsnys, pakankamai didelis, kad tilptų žąsis
- ½ stiklinės miltų
- 2 puodeliai raudonojo vyno (tokio kaip Beaujolais, Médoc arba California Mountain Red)
- Druska
- 1 Tb šalavijų
- 2 skiltelės česnako
- 4-6 puodeliai jautienos sultinio arba sultinio

INSTRUKCIJOS:

a) Supilkite slyvas į verdantį vandenį ir pamirkykite 5 minutes arba kol suminkštės. Pašalinkite duobes kuo tvarkingiau. Karštame svieste 2 minutes pakepinkite žąsų kepenėles ir askaloninius svogūnus; supilkite į maišymo dubenį. Greitai virkite portveiną keptuvėje, kol sumažės iki 1 šaukšto; supilkite į maišytuvo dubenį. Įmuškite foie gras arba kepenų pasta, kvapiuosius pipirus ir čiobrelius ir pagal skonį pasūdykite. Jei reikia, šaukštais berkite džiūvėsėlius, kol masė taps pakankamai tvirta įdarui. Į kiekvieną slyvą įdėkite ½ arbatinio šaukštelio.
b) Iškirpkite skersinį kaulelį (kad būtų lengviau raižyti), nupjaukite sparnus per alkūnes ir ištraukite palaidus riebalus iš žąsies vidaus. Įtrinkite ertmę druska, laisvai prikimškite džiovintų slyvų ir santvaros. ½ colio intervalais pradurkite odą aplink krūtų šonus, šlaunis ir nugarą. Įdėkite žąsį į keptuvę ir kepkite po vidutiniškai karštu broileriu, dažnai vartydami apie 15 minučių, jei reikia, pašalindami iš keptuvės susikaupusius riebalus.
c) Įkaitinkite orkaitę iki 350 laipsnių.
d) Supjaustykite vidurius 1 colio gabalėliais, išdžiovinkite ir paskrudinkite su daržovėmis karštuose žąsų riebaluose keptuvėje ant vidutiniškai stiprios ugnies.
e) Sumažinkite ugnį, suberkite miltus ir maišydami kepkite 3 minutes, kad lengvai apskrus. Nuimkite nuo ugnies; įmaišykite vyną. Pasūdykite žąsį ir padėkite ant šono į kepsninę. Įpilkite šalavijų, česnako ir tiek jautienos sultinio ar sultinio, kad gautumėte iki pusės.
f) Užvirkite, uždenkite ir padėkite į apatinį įkaitintos orkaitės trečdalį. Reguliuokite šilumą, kad skystis lėtai troškintų virimo metu; apverskite žąsį į kitą pusę per 1 valandą, ant nugaros po 2 valandų.

g) Žąsis iškepa, kai blauzdelės šiek tiek juda lizduose, o pradurus mėsingiausią jų dalį, sultys nubėga šviesiai geltonos spalvos. Neperkepkite.

PADAŽAS IR PATIEKIMAS

h) Nusausinkite žąsį ir padėkite ant karštos lėkštės; nupjaukite ir išmeskite santvarines stygas. Nugriebkite kuo daugiau riebalų nuo troškinimo padažo; turėsite kelis puodelius, kuriuos galėsite sutaupyti bulvėms, vištienai troškinti ar kepsniams apkepti.

i) Supilkite apie 4 puodelius padažo per sietelį į puodą ir vėl nugriebkite riebalus. Užvirkite, nugriebkite ir atsargiai pataisykite prieskonius. Ant žąsies užpilkite šiek tiek padažo, o likusią dalį supilkite į karštą padažo dubenį.

j) Patiekite su troškintais svogūnais ir kaštonais arba Briuselio kopūstais ir bulvių košė; Raudonasis Burgundijos vynas.

60. Rognons De Veau En Casserole / Kidneys in Butter

INGRIDIENTAI:

- 4 Tb sviesto
- Sunki keptuvė, kurios pakanka, kad inkstai patogiai tilptų viename sluoksnyje
- 3-4 veršienos arba 8-12 ėriuko inkstų
- 1 Tb maltų askaloninių česnakų arba laiškinių svogūnų
- $\frac{1}{2}$ puodelio sauso balto vermuto
- 1 V citrinos sulčių
- $1\frac{1}{2}$ Tb paruoštų Dižono tipo garstyčių, sutrintų su 3 Tb minkšto sviesto
- Druskos ir pipirų

INSTRUKCIJOS:

Įkaitinkite sviestą ir, kai putos pradės slūgti, apvoliokite inkstus svieste, tada virkite neuždengę, kas minutę ar dvi apversdami. Reguliuokite šilumą, kad sviestas būtų karštas, bet neparuduotų. Iš inkstų išsiskirs šiek tiek sulčių. Inkstai turi sustingti, bet netapti kieti; jie turėtų šiek tiek paruduoti, o pjaustant turi būti rausvos spalvos. Laikas: apie 10 minučių veršienos inkstams; 5, ėriuko inkstams. Išimkite inkstus į lėkštę.

Askaloninius česnakus arba svogūnus įmaišykite į keptuvėje esantį sviestą ir kepkite 1 minutę. Įpilkite vermuto ir citrinos sulčių. Greitai virkite, kol skysčių sumažės iki maždaug 4 šaukštų. Nukelkite nuo ugnies ir supilkite garstyčių sviestą, pabarstykite druska ir pipirais. Inkstus supjaustykite skersai $\frac{1}{8}$ colio storio griežinėliais. Pabarstykite druska ir pipirais ir supilkite juos bei jų sultis į keptuvę.

Prieš patiekdami, suplakite ir kaitinkite ant vidutinės ugnies minutę ar dvi, kad sušiltų ir neužvirtų.

Patiekite labai karštose lėkštėse. Jei naudojamas kaip pagrindinis patiekalas, o ne karštas užkandis, pagardinkite bulvėmis, troškintomis svieste, troškintais svogūnais ir raudonuoju Burgundijos vynu.

61. Rognons de Veau Flambés / Sautéed Kidneys Flambé

INGRIDIENTAI:

- Sunki keptuvė, pakankamai didelė, kad tilptų inkstai
- 3-4 veršienos arba 8-12 ėriuko inkstų
- 4 Tb sviesto
- ⅓ puodelio konjako
- ½ puodelio jautienos sultinio, sumaišyto su 1 šaukšteliu kukurūzų krakmolo
- ⅓ puodelio Sercial Madeira arba portveino
- ½ svaro griežinėliais supjaustyti grybai, prieš tai pakepinti svieste su 1 Tb smulkintų laiškinių svogūnų arba askaloninių česnakų
- 1 puodelis riebios grietinėlės
- Druskos ir pipirų
- ½ Tb paruoštų Dijon tipo garstyčių, sumaišytų su 2 Tb minkšto sviesto ir ½ šaukštelio Vusterio padažo

INSTRUKCIJOS:

Visus inkstus pakepinkite svieste, kaip nurodyta ankstesniame recepte. Jei baigiate juos prie stalo, iškeptus inkstus atsineškite į trinančią indą.

Inkstus užpilkite konjaku. Įkaitinkite iki burbuliavimo, atitraukite veidą ir degtuku uždegkite skystį. Suplakite keptuvę ir aptepkite inkstus liepsnojančiu skysčiu, kol ugnis nurims. Nuimkite inkstus ant lėkštės ar drožimo lentos.

Į keptuvę supilkite jautienos sultinį ir vyną; virkite keletą minučių, kol sumažės ir sutirštės. Sudėkite grybus ir grietinėlę ir pavirkite dar kelias minutes; padažas turi būti pakankamai tirštas, kad lengvai apsemtų šaukštą. Atsargiai pagardinkite druska ir pipirais. Nukelkite nuo ugnies ir supilkite į garstyčių mišinį.

Inkstus supjaustykite skersai ⅛ colio storio griežinėliais ir lengvai pagardinkite druska bei pipirais. Supilkite inkstus ir sultis į keptuvę. Suplakite ir išmeskite ant ugnies, kad inkstai sušiltų ir neužvirtų. Patiekite labai karštose lėkštėse.

62. Carbonnade De Boeuf a La Provançale

INGRIDIENTAI:

- 3 svarai. kepsnys, supjaustytas maždaug $3\frac{1}{2} \times 2 \times \frac{3}{8}$ colio griežinėliais

MARINADAS

- $\frac{1}{4}$ puodelio vyno acto
- 1 Tb alyvuogių aliejaus
- 2 didelės česnako skiltelės, nuluptos ir susmulkintos
- $\frac{1}{8}$ šaukštelio pipirų
- 2 šaukšteliai druskos
- $\frac{3}{4}$ šaukštelio pikantiško
- $\frac{3}{4}$ šaukštelio čiobrelių

SVŪGŪNAI

- Neprivaloma, bet tradicinė: 4 uncijos (apie ⅔ puodelio) šviežios kiaulienos šoninės arba riebios ir liesos griežinėliai iš šviežios kiaulienos užpakalio
- Sunki keptuvė
- nuo 1 iki 3 šaukštų alyvuogių aliejaus
- 5-6 puodeliai pjaustytų svogūnų

KEPIMO

- 6 litrų ugniai atsparus troškintuvas
- 7-8 puodeliai supjaustytų universalių bulvių
- Druskos ir pipirų
- Jautienos sultinys
- $\frac{1}{4}$ puodelio parmezano sūrio (paskutiniam žingsniui)

INSTRUKCIJOS:

a) Sumaišykite marinatą glazūruotame, stikliniame arba nerūdijančio plieno dubenyje. Mėsą apverskite ir aptepkite skysčiu, uždenkite ir 6 valandoms arba nakčiai laikykite šaldytuve, kelis kartus patroškindami ir apversdami.

b) Neprivaloma kiauliena supjaustoma maždaug $\frac{1}{4}$ colio storio 1 colio gabalėliais. Lėtai pakepinkite šaukšte aliejaus, kad pasidarytų riebalai, ir labai lengvai apkepkite. (Jei kiaulienos neįtrauksite, į keptuvę supilkite 3 šaukštus aliejaus.) Įmaišykite svogūnus, sandariai uždenkite ir lėtai kepkite apie 20 minučių, retkarčiais pamaišydami, kol svogūnai suminkštės ir pradės ruduoti.
c) Įkaitinkite orkaitę iki 350 laipsnių.
d) Mėsą nusausinkite ir pagardinkite druska bei pipirais. Keptuvėje pakaitomis sudėkite svogūnų ir mėsos sluoksnius. Supilkite marinato ingredientus, tada ant viršaus išdėliokite bulvių griežinėlių sluoksnius, kiekvieną pagardinkite druska ir pipirais. Supilkite tiek sultinio, kad apsemtų mėsą; užvirkite ant viryklės.
e) Uždenkite troškintuvą ir padėkite į įkaitintos orkaitės vidurinį lygį maždaug 1 valandai arba kol mėsa bus beveik minkšta, kai pradursite šakute. Laikas priklausys nuo mėsos kokybės; paskutiniame etape kepama dar apie pusvalandį.
f) Pakelkite orkaitės kaitrą iki 425 laipsnių. Pabarstykite troškintuvą ir šaukštu pašalinkite susikaupusius riebalus. Pabarstykite parmezano sūriu ant bulvių ir aptepkite šaukštu ar dviem virimo skysčio. (Jei tai padarysite anksčiau, atdėkite neuždengtą. Prieš tęsdami pakaitinkite, kad užvirtumėte.)
g) Neuždengtą troškintuvą dėkite į viršutinį 425 laipsnių orkaitės trečdalį ir kepkite apie 30 minučių, kad bulvių viršus apskrustų ir sumažėtų bei sutirštėtų kepimo skystis. Patiekite iš troškintuvo.

63. Daube De Boeuf a La Provançale

INGRIDIENTAI:

- 3 svarai. kepsnys, supjaustytas 2½ colio 1 colio storio kvadratais

MARINADAS

- 2 Tb alyvuogių aliejaus
- 1½ puodelio sauso balto vermuto
- ¼ puodelio brendžio arba džino
- 2 šaukšteliai druskos
- ¼ šaukštelio pipirų
- ½ šaukštelio čiobrelių arba šalavijų
- 1 lauro lapas
- 2 skiltelės nuluptos ir susmulkintos česnako
- 2 puodeliai smulkiai pjaustytų morkų
- 2 puodeliai smulkiai pjaustytų svogūnų
- Marinuokite jautieną, kaip nurodyta ankstesniame recepte.

SURINKIMAS

- 6 kv. liepsnai atsparus troškinys
- Druska, pipirai, miltai
- 1½ puodelio tvirtų, prinokusių pomidorų, nuluptų, išsėlintų, išspaustų sulčių ir susmulkintų
- 1½ puodelio pjaustytų šviežių grybų
- Neprivaloma: maždaug 8 griežinėliai, ¼ colio storio, šviežia kiaulienos šoninė; arba riebių ir liesų griežinėlių iš šviežios kiaulienos užpakalio
- Jei reikia, jautienos sultinys

INSTRUKCIJOS:

a) Nuvalykite marinatą ir mėsą lengvai pagardinkite druska ir pipirais, tada apvoliokite miltuose ir padėkite ant vaškuoto popieriaus. Nupilkite marinato skystį į dubenį; pomidorus ir grybus apkepkite su marinato daržovėmis.

b) Į troškintuvo dugną įdėkite kelias pasirenkamos kiaulienos juosteles ir uždenkite trečdaliu sumaišytų daržovių. Tada kaitaliokite su mėsos ir daržovių sluoksniais, viršutinį daržovių sluoksnį uždenkite neprivalomos kiaulienos griežinėliais. Supilkite marinato skystį.

GAMYBA IR PATIEKIMAS

c) Uždenkite troškintuvą, padėkite ant vidutinės ugnies ir troškinkite apie 15 minučių. Jei daržovės nesuskyrė pakankamai skysčio, kad beveik apsemtų mėsą, įpilkite šiek tiek sultinio. Uždenkite ir troškinkite ant silpnos ugnies $1\frac{1}{2}$–2 valandas arba tol, kol mėsa suminkštės, kai pradursite šakute.

d) Pabarstykite troškintuvą, nugriebkite riebalus ir paragaukite prieskonių. Jei skysčio nesumažėjo ir sutirštėjo, nukoškite į puodą ir sutirštinkite šaukštu kukurūzų krakmolo, sumaišyto su sultiniu.

e) Virkite 2 minutes, tada supilkite į troškintuvą. (Jei nepatiekiama iš karto, atvėsinkite neuždengtą, tada uždenkite ir šaldykite. Prieš patiekdami troškinkite uždengę 5 minutes.)

GALUTINĖ PROVENÇAL FILLIP

f) Norėdami suteikti daugiau skonio, susmulkinkite arba sutrinkite 2 skilteles česnako ir sudėkite į dubenį su 3–4 šaukštais nusausintų kaparėlių. Susmulkinkite arba sutrinkite į tyrę, tada įmaišykite 3 šaukštus stiprių Dižono tipo garstyčių.

g) Palaipsniui įmaišykite 3 šaukštus alyvuogių aliejaus, kad susidarytų tirštas padažas; įmaišykite $\frac{1}{4}$ puodelio malto šviežio baziliko arba petražolių. Į gatavą tešlą įmaišyti prieš pat patiekiant.

64. Potage Parmentier / Porai arba svogūnų ir bulvių sriuba

INGRIDIENTAI:

PIRMINIS GAMYBA

- 3-4 litrų puodas arba greitpuodis
- 3-4 puodeliai nuluptų bulvių, supjaustytų griežinėliais arba kubeliais
- 3 stiklinės smulkiai pjaustytų porų arba geltonųjų svogūnų
- 2 litrai vandens
- 1 Tb druskos

GALUTINĖS SODRINIMAS

- ⅓ puodelio riebios grietinėlės arba 2-3 šaukštų minkšto sviesto
- 2-3 šaukštai maltų petražolių arba laiškinių česnakų

INSTRUKCIJOS:

a) Arba troškinkite daržoves, vandenį ir druską kartu, iš dalies uždengę 40-50 minučių, kol daržovės suminkštės; arba virkite esant 15 svarų slėgiui 5 minutes, atleiskite slėgį ir troškinkite neuždengę 15 minučių, kad išsiskirtų skonis.

b) Daržoves sriuboje sutrinkite šakute arba perkoškite per maisto malūną. Teisingas prieskonis.

c) Prieš patiekdami atidėkite neuždengtą, tada pakaitinkite, kol užvirs.

d) Prieš patiekdami nukelkite nuo ugnies ir po šaukštus įmaišykite grietinėlę arba sviestą.

e) Supilstykite į sriubos arba sriubos puodelius ir papuoškite žolelėmis.

65. Velouté De Volaille a La Sénégalaise

INGRIDIENTAI:

- 4 Tb sviesto
- Puodas storu dugnu nuo 3 iki 4 kvortų
- 1 TB kario miltelių
- 4-8 Tb miltų (priklausomai nuo bulvių kiekio)
- 5-6 puodeliai paukštienos sultinio

NEPRIVALOMA virti INGREDIENTAI

- Bulvių košė, kreminiai svogūnai, brokoliai, agurkai, morkos, žirniai, šparagų antgaliai
- ½ puodelio (daugiau ar mažiau) riebios grietinėlės
- Maždaug 1 puodelis kubeliais arba plonais griežinėliais pjaustytos virtos kalakutienos
- 4 Tb šviežių maltų petražolių arba laiškinių česnakų arba 2 Tb maltų vyšnių arba peletrūno

INSTRUKCIJOS:

Puode ištirpinkite sviestą. Įmaišykite kario miltelius ir lėtai virkite 1 minutę. (Jei neturite virtų svogūnų, įpilkite ½ puodelio žalių smulkintų svogūnų ir kepkite apie 10 minučių nekepdami.) Įmaišykite miltus ir lėtai virkite 2 minutes. Nukelkite nuo ugnies, leiskite akimirkai atvėsti, tada vielos plaktuvu stipriai įmaišykite į karštą paukštienos sultinį. Troškinkite, maišydami plaktuvu, 1 minutę. Jei naudojate virtus svogūnus, juos susmulkinkite ir suberkite į sriubą; jei naudojate bulvių košę, plakite jas po šaukštą, kol sriuba pasidarys tokia tiršta, kokios norite. Lėtai troškindami po šaukštus įmaišykite grietinėlę, tada atsargiai pagardinkite pagal skonį. Įmaišykite kalakutieną, neprivalomas daržoves ir žoleles ir prieš patiekdami vėl užvirkite. (Jei patiekiama ne iš karto arba patiekiama šalta, uždenkite sriubos viršų su sultiniu ar grietinėle, kad nesusidarytų odelė. Jei norite patiekti šaltą, atvėsinkite; galbūt norėsite įmaišyti daugiau grietinėlės ir ant kiekvieno dubenėlio užpilti daugiau šviežios žolės.)

SALOTOS IR PAŠANAI

66. Mimozos salotos / salotos su vinaigrete, sijotu kiaušiniu ir žolelėmis

INGRIDIENTAI:
- Nuluptas kietai virtas kiaušinis sietelyje
- 2-3 šaukštai šviežių žalių žolelių arba petražolių
- Druskos ir pipirų
- Didelė Bostono galva
- salotos arba žalumynų mišinys, atskirti, nuplauti ir išdžiovinti
- Salotų dubuo
- ⅓ iki ½ puodelio vinaigreto

INSTRUKCIJOS:
Pirštais perstumkite kiaušinį per sietelį; apibarstykite žolelėmis, druska ir pipirais pagal skonį. Prieš patiekdami į salotų dubenį su padažu įmeskite žalumynų ir pabarstykite kiaušinių ir žolelių mišiniu.

67. Pommes De Terre a l'Huile / Prancūziškos bulvių salotos

INGRIDIENTAI:

8–10 vidutinių „verdų" bulvių (apie 2 svarai)
3 litrų maišymo dubuo
2 V sauso baltojo vyno arba sauso baltojo vermuto
2 V vištienos sultinio
½ puodelio vinaigreto
2 Tb maltų askaloninių česnakų arba laiškinių svogūnų
3 V maltų petražolių

INSTRUKCIJOS:

Virkite arba troškinkite bulves, kol suminkštės. Dar šiltą nulupkite ir supjaustykite. Švelniai įmeskite į maišymo dubenį su vynu ir sultiniu, o po kelių minučių vėl išmaišykite. Kai skystis sugers bulves, sumaišykite su vinigrete, askaloniniais česnakais arba laiškiniais svogūnais ir petražolėmis.

Šios salotos skanios patiekiamos šiltos su karštomis dešrelėmis arba galite jas atšaldyti ir patiekti tokias, kokios yra, arba su ½ puodelio majonezo, sulankstyto.

68. Salotos Niçoise

INGRIDIENTAI:

3 puodeliai anksčiau virtų šparaginių pupelių dubenyje
3 ketvirčiais supjaustyti pomidorai dubenyje
¾ iki 1 puodelio vinaigreto
1 galva Bostono salotos, atskirta, nuplaunama ir išdžiovinta
Didelis salotų dubuo arba seklus patiekalas
3 puodeliai šaltų prancūziškų bulvių salotų (ankstesnis receptas)
½ puodelio juodųjų alyvuogių be kauliukų, geriausia sausų Viduržemio jūros regiono
3 kietai virti kiaušiniai, šalti, nulupti ir supjaustyti ketvirčiais
12 konservuotų ančiuvių filė, nusausintų, plokščių arba susuktų su kaparėliais
Maždaug 1 puodelis (8 uncijos) konservuoto tuno, nusausinto

INSTRUKCIJOS:

Sumeskite salotų lapus į salotų dubenį su ¼ puodelio vinigreto ir padėkite lapus aplink dubenį.

Išdėliokite bulves dubens dugne, papuoškite pupelėmis ir pomidorais, įterpdami juos tuno, alyvuogių, kiaušinių ir ančiuvių piešiniais.

Likusį padažą užpilkite ant salotų, pabarstykite žolelėmis ir patiekite.

69. Gratin Dauphinois / Scalloped Potatoes au Gratin

INGRIDIENTAI:

2 svarai. „verdančias" bulves, nuskustas
1 puodelis pieno
6 puodelių ugniai atsparus kepimo indas, 2 colių gylis
1 maža skiltelė trinto česnako
1 šaukštelis druskos
$\frac{1}{8}$ šaukštelio pipirų
3-4 Tb sviesto

INSTRUKCIJOS:

Įkaitinkite orkaitę iki 425 laipsnių.
Bulves supjaustykite $\frac{1}{8}$ colio storio griežinėliais ir įmeskite į dubenį su šaltu vandeniu. Pieną užvirinkite kepimo inde su česnaku, druska ir pipirais. Nusausinkite bulves, supilkite į verdantį pieną ir paskirstykite jas sviestu. Kepkite įkaitintos orkaitės viduriniame lygyje apie 25 minutes, kol pienas susigers, bulvės suminkštės, o viršus paruduos. (Jei nepateiksite iš karto, laikykite šiltai, neuždengę, įpilkite šiek tiek pieno, jei bulvės atrodo sausos.)
Patiekite su kepsniais, kepsniais ar kotletais.

70. Gratin De Pommes De Terre Et Saucisson

INGRIDIENTAI:

3 puodeliai supjaustytų, anksčiau virtų bulvių (apie 1 svaras)
1 puodelis maltų svogūnų, anksčiau virti svieste
½ svaro pjaustyta lenkiška dešra
Lengvai sviestu patepta kepimo forma arba pyrago lėkštė, 8 colių skersmens ir 2 colių gylio
3 kiaušiniai
1½ stiklinės šviesios grietinėlės
¼ šaukštelio druskos
⅛ šaukštelio pipirų
¼ puodelio tarkuoto šveicariško sūrio
1 Tb sviesto

INSTRUKCIJOS:

Įkaitinkite orkaitę iki 375 laipsnių.
Kepimo inde išdėliokite sluoksnius bulvių, svogūnų ir dešros. Dubenyje sumaišykite kiaušinius, grietinėlę, druską ir pipirus, supilkite į kepimo formą, pabarstykite sūriu ir apibarstykite sviestu. Kepkite viršutiniame įkaitintos orkaitės trečdalyje 30–40 minučių, kol viršus gražiai apskrus.
Patiekite kaip pagrindinio patiekalo pietų ar vakarienės patiekalą.

71. Purée De Pommes De Terre a l'Ail

INGRIDIENTAI:
Česnakų padažas
2 galvos česnako, apie 30 skiltelių
4 Tb sviesto
3-4 puodelių puodas
2 Tb miltų
1 puodelis karšto pieno
$\frac{1}{4}$ šaukštelio druskos ir žiupsnelio pipirų
MAIŠYMAS SU BULVĖMIS
$2\frac{1}{2}$ svaro. bulvių kepimas
4 Tb sviesto
Druskos ir pipirų
3-4 šaukštai riebios grietinėlės
$\frac{1}{4}$ puodelio maltų šviežių petražolių

INSTRUKCIJOS:
Atskirkite česnako skilteles ir supilkite į verdantį vandenį; virkite 2 minutes, nusausinkite ir nulupkite. Tada lėtai kepkite česnaką svieste apie 20 minučių uždengtame puode, kol labai suminkštės, bet visiškai neparus. Suberkite miltus, lėtai virkite 2 minutes. Nukelkite nuo ugnies, supilkite karštą pieną ir prieskonius ir maišydami virkite 1 minutę. Jei nenaudosite iš karto, atidėkite ir pašildykite vėliau.
Nulupkite ir ketvirčiais bulves. Virkite pasūdytame vandenyje arba virkite garuose, kol suminkštės; sudėkite per rycerį į sunkų puodą. Trumpai maišykite ant vidutiniškai stiprios ugnies, kol bulvės sustos keptuvės dugne, tada įmaišykite sviestą, druską ir pipirus pagal skonį. Laikykite neuždengtą virš verdančio vandens, kol paruošite patiekti, bet kuo anksčiau jie bus patiekiami, tuo geriau. Prieš pat įeidami į valgomąjį, česnaką per sietelį įtrinkite į bulves;

supilkite grietinėlę ir petražoles ir pasukite į karštą, sviestu pateptą patiekalą.

72. Concombres Persillés, Ou a La Crème / Creamed Cucumbers

INGRIDIENTAI:

Agurkų MACERAVIMAS
6 agurkai apie 8 colių ilgio
2 V vyno acto
1½ šaukštelio druskos
⅛ šaukštelio cukraus

GAMYBA
2-3 Tb sviesto
Didelė storadugnė emaliuota keptuvė arba puodas
Druskos ir pipirų
2 Tb maltų askaloninių česnakų arba laiškinių svogūnų
Nebūtina: 1 puodelis riebios grietinėlės, per pusę užplikytas nedideliame puode
3 V šviežių maltų petražolių

INSTRUKCIJOS:

Agurkus nulupkite, perpjaukite per pusę išilgai ir šaukšteliu išskobkite sėklas. Supjaustykite išilginėmis maždaug ⅜ colio pločio juostelėmis, tada supjaustykite juosteles 2 colių gabalėliais. Supilkite į dubenį su actu, druska ir cukrumi ir palikite pastovėti mažiausiai 20 minučių. Nusausinkite ir nusausinkite popieriniais rankšluosčiais prieš pat naudojimą.
Įkaitinkite sviestą keptuvėje arba puode, kol pradės burbuliuoti. Sudėkite agurkus ir askaloninius česnakus arba laiškinius svogūnus; virkite lėtai, dažnai mėtydami, maždaug 5 minutes, kol agurkai bus švelniai traškūs, bet neapskrus. Prieš patiekdami, apšlakstykite grietinėle ir petražolėmis. Paverskite karštu patiekalu.

73. Navets a La Champenoise / ropių ir svogūnų troškinys

INGRIDIENTAI:

- 2½ svaro. geltonos ropės arba rūtos (apie 8 puodeliai kubeliais)
- ⅔ puodelio smulkiai pjaustytos riebios ir liesos šviežios kiaulienos užpakalio arba kiaulienos šonuose; arba 3 V sviesto arba kepimo aliejaus
- ⅔ puodelio smulkiai pjaustytų svogūnų
- 1 Tb miltų
- ¾ puodelio jautienos sultinio
- ¼ šaukštelio šalavijų
- Druskos ir pipirų
- 2-3 šaukštai šviežių maltų petražolių

INSTRUKCIJOS:

Nulupkite ropes, supjaustykite ketvirčiais, tada ½ colio griežinėliais; riekeles supjaustykite ½ colio juostelėmis, o juosteles ½ colio kubeliais. Įmeskite į verdantį pasūdytą vandenį ir virkite neuždengę 3-5 minutes arba kol šiek tiek suminkštės. Nusausinkite.

Jei naudojate kiaulieną, lėtai troškinkite 3 litrų puode, kol labai švelniai apskrus; kitu atveju į keptuvę įpilkite sviesto arba aliejaus. Suberkite svogūnus, uždenkite ir lėtai kepkite 5 minutes, nepakeisdami. Suberkite miltus ir lėtai virkite 2 minutes. Nukelkite nuo ugnies, įmuškite sultinį, vėl užkaiskite ir užvirkite. Įdėkite šalavijų, tada suberkite ropes. Pagal skonį pagardinkite druska ir pipirais.

Uždenkite keptuvę ir lėtai troškinkite 20-30 minučių arba kol ropės suminkštės. Jei padažas per skystas, atidenkite ir lėtai virkite kelias minutes, kol skystis sumažės ir sutirštės. Teisingas prieskonis. (Gali būti iškeptas iš anksto. Atvėsinkite neuždengę; prieš patiekdami uždenkite ir kelias minutes troškinkite.)

Norėdami patiekti, suberkite petražoles ir pasukite į karštą serviravimo indą.

74. Šparagai

INGRIDIENTAI:

1 dėžutė šaldytų supjaustytų šparagų
2 V. druskos
2 Tb sviesto keptuvėje
Druskos ir pipirų

INSTRUKCIJOS:

Leiskite smidrams atitirpti, kol gabalėliai atsiskirs vienas nuo kito. Tada supilkite į 4 litrus greitai verdančio vandens. Įberkite 2 šaukštus druskos, greitai vėl užvirkite ir virkite neuždengę 3-4 minutes, kol šparagai vos vos suminkštės. Nusausinkite. Jei nepateiksite iš karto, šparagus užpilkite šaltu vandeniu, kad sustabdytumėte virimą ir gautumėte šviežią spalvą bei tekstūrą. Kelias minutes prieš patiekiant švelniai įmeskite į 2 šaukštus karšto sviesto, kad baigtumėte virti. Pagal skonį pagardinkite druska ir pipirais.

75. Artichauts Au Naturel / Visiškai virti artišokai

INGRIDIENTAI:
- Artišokai

INSTRUKCIJOS:
PARUOŠIMAS GAMINTI
a) Po vieną artišoką, nuimkite stiebą, lenkdami jį prie artišoko pagrindo, kol stiebas nutrūks, tada nulaužkite mažus lapelius prie pagrindo. Pagrindą nupjaukite peiliu, kad artišokas tvirtai stovėtų vertikaliai.
b) Galiausiai padėkite artišoką ant šono ir nupjaukite tris ketvirtadalius colio nuo viršaus; žirklėmis nupjaukite likusių lapų taškus.
c) Nuplaukite po šaltu tekančiu vandeniu ir įmeskite į šalto vandens dubenį, kuriame yra 1 valgomasis šaukštas acto. Actas neleidžia artišokams pakeisti spalvą prieš juos verdant.

GAMYBA
d) Paruoštus artišokus panardinkite į didelį virdulį su greitai verdančiu pasūdytu vandeniu ir uždenkite juos dvigubu nuplautos marlės sluoksniu, kad kepimo metu matomos dalys būtų drėgnos. Virkite neuždengę lėto virimo 35-45 minutes, priklausomai nuo dydžio.
e) Artišokai gaminami tada, kai išsitraukia apatiniai lapai – vieną suvalgykite kaip bandymą: apatinė pusė colio turėtų būti minkšta – ir kai peilis lengvai pradurs dugną. Nedelsdami išimkite ir nusausinkite apverstą kiaurasamtyje.

PATIEKAVIMAS IR VALGYMAS
f) Pastatykite artišokus vertikaliai ir patiekite maždaug 8 colių skersmens salotų dydžio lėkštėse arba specialiose artišokų lėkštėse. Norėdami valgyti artišoką, nuimkite lapą ir laikykite jo galiuką pirštuose. Pamerkite lapo

dugną į lydytą sviestą arba vieną iš siūlomų padažų, tada tarp dantų nubraukite minkštą minkštimą.
g) Perėję lapus pateksite į apačią, kurią valgote peiliu ir šakute, kai nubraukite ir išmetate jį dengiantį smauglį ar plaukuotą centrą.

PADAŽAI

h) Lydytas sviestas, citrinų sviestas arba olandiškas sviestas karštiems ar šiltiems artišokams; vinaigretas (prancūziškas padažas), garstyčių padažas arba majonezas šaltiems artišokams.

76. Troškinys

INGRIDIENTAI:
PIRMINIS SŪDYMAS
- ½ svaro Baklažanas
- ½ svaro cukinijos
- 3 litrų maišymo dubuo
- 1 šaukštelis druskos

SUTĖJIMAS
- 4 ar daugiau Tb alyvuogių aliejaus
- 10-12 colių emaliuota arba neprideganti keptuvė
- ½ svaro (1½ stiklinės) pjaustytų svogūnų
- 1 puodelis pjaustytų žaliųjų paprikų (apie 2 paprikos)
- 2 skiltelės trinto česnako
- Druskos ir pipirų
- 1 svaras pomidorai, nulupti, išskobti ir išspausti sultimis (1½ puodelio minkštimo) arba 1 puodelis nusausintų konservuotų kriaušės formos pomidorų
- 3 V maltų petražolių

SURINKIMAS IR KEPIMAS
- 2½ litrų ugniai atsparus 2 colių gylio troškintuvas

INSTRUKCIJOS:

a) Baklažanus nulupkite ir supjaustykite išilgai ⅜ colio storio griežinėliais. Cukinijas nuplaukite po šaltu vandeniu, nupjaukite ir išmeskite du galus, o cukinijas supjaustykite išilgai ⅜ colio storio gabalėliais. Supilkite daržoves į dubenį su druska ir palikite 30 minučių. nutekėjimas; išdžiovinkite rankšluosčiu.

b) Keptuvėje įkaitinkite alyvuogių aliejų, tada apkepkite baklažanų ir cukinijų griežinėlius iš abiejų pusių, kol šviesiai apskrus. Išimkite į garnyrą. Jei reikia, įpilkite daugiau aliejaus ir lėtai pakepinkite svogūnus ir paprikas, kol suminkštės. Įmaišykite česnaką ir pagardinkite druska bei pipirais. Pomidorų minkštimą supjaustykite juostelėmis ir sudėkite ant svogūnų ir paprikų.

c) Uždenkite keptuvę ir virkite 5 minutes, tada atidenkite, padidinkite ugnį ir virkite keletą minučių, kol pomidorų sultys beveik visiškai išgaruos. Pagardinkite druska ir pipirais; sutarkuokite petražoles.

d) Trečdalį pomidorų mišinio supilkite į troškintuvo dugną. Ant viršaus išdėliokite pusę baklažanų ir cukinijų, tada pusę likusių pomidorų. Uždenkite likusiais baklažanais ir cukinijomis bei paskutiniu pomidorų mišiniu. Uždenkite puodą ir troškinkite ant silpnos ugnies 10 minučių. Atidenkite, uždenkite troškintuvą ir apšlakstykite išsilydžiusiomis sultimis ir, jei reikia, pataisykite prieskonius. Šiek tiek padidinkite ugnį ir lėtai virkite, kol sultys beveik visiškai išgaruos.

e) Patiekite karštus su kepsniais, kepsniais, mėsainiais, kepta žuvimi.

f) Patiekite šaltą su šalta mėsa ir žuvimi arba kaip šaltą užkandį.

77. Mousaka

INGRIDIENTAI:
PIRMINIS BAKLAŽANŲ SŪDYMAS IR KEPIMAS
- 5 svarai. baklažanų (4-5 baklažanai, kurių kiekvienas yra 7-8 colių ilgio)
- 1 Tb druskos
- 2 Tb alyvuogių aliejaus
- Negili kepimo skarda
- 1 Tb alyvuogių aliejaus
- 3 litrų maišymo dubuo

SURINKIMAS IR KEPIMAS
- Lengvai aliejumi pateptas cilindrinis 2 kvortų kepimo indas nuo $3\frac{1}{2}$ iki 4 colių gylio ir 7 colių skersmens
- $2\frac{1}{2}$ stiklinės maltos virtos avienos
- ⅔ puodelio smulkintų svogūnų, anksčiau iškeptų svieste
- 1 puodelis maltų grybų, anksčiau virti svieste
- 1 šaukštelis druskos
- ⅛ šaukštelio pipirų
- ½ šaukštelio čiobrelių
- ½ šaukštelio malto rozmarino
- 1 maža skiltelė trinto česnako
- ⅔ puodelio jautienos sultinio arba sultinio, troškinto 2 minutes su ½ Tb kukurūzų krakmolo
- 3 TB pomidorų pasta
- 3 kiaušiniai (JAV klasifikuoti „dideli")
- Puodas verdančio vandens
- Patiekalas

INSTRUKCIJOS:
a) Įkaitinkite orkaitę iki 400 laipsnių.
b) Nuimkite žalias kepures ir perpjaukite baklažanus per pusę išilgai; kiekvienos pusės minkštime išpjaukite gilias įdubas. Pabarstykite druska ir palikite pastovėti 30

minučių. Išspauskite vandenį, nusausinkite minkštimo pusę ir aptepkite alyvuogių aliejumi.

c) Supilkite ½ colio vandens į kepimo skardą, suberkite baklažanus minkštimu į viršų ir kepkite 30–40 minučių įkaitintoje orkaitėje arba kol suminkštės. Išskobkite minkštimą, palikdami nepažeistą baklažanų odelę (naudokite šaukštą arba greipfruto peilį).

d) Minkštimą susmulkinkite ir minutę ar dvi pakepinkite įkaitintame alyvuogių aliejuje. Pasukite į maišymo dubenį.

e) Išklokite pelėsį su baklažanų odelėmis, smailiais galais susilieja pelėsių centre-apačioje, purpuriniais šonais nuo pelėsio. Visus aukščiau išvardintus ingredientus supilkite į susmulkintą baklažaną, supilkite į išklotą formą ir ant paviršiaus užlenkite kabančias baklažanų odeles. Uždenkite aliuminio folija ir dangteliu. Kepkite puode su verdančiu vandeniu 375 laipsnių orkaitėje 1,5 valandos. Leiskite atvėsti 10 minučių, tada išimkite formą ant serviravimo indo.

f) Patiekite karštą su pomidorų padažu, garuose virtais ryžiais, prancūziška duona ir rožiniu vynu.

g) Patiekite šaltą su pomidorų salotomis, prancūziška duona ir rožiniu vynu.

78. Laitues Braisées / Troškintos salotos

INGRIDIENTAI:
- 2 vidutinių galvų Bostono salotų;
- 1 galva eskarolės arba cikorijos

SKALBIMAS
- Didelis virdulys, kuriame yra nuo 7 iki 8 litrų verdančio vandens
- 1½ šaukštelio druskos vienam litrui vandens
- Druskos ir pipirų

KRŪTIS
- 6 galvoms cikorijos arba eskarolės; 12 galvų Bostono salotos
- 12 colių ugniai atsparus puodas su dangteliu
- 6 storos šoninės griežinėliai, prieš tai 10 minučių virinami 2 litrais vandens, tada nusausinami
- 2 V sviesto
- ½ puodelio pjaustytų svogūnų
- ½ puodelio pjaustytų morkų
- Neprivaloma: ½ puodelio sauso balto vermuto
- Apie 2 stiklines jautienos sultinio

PADAŽAS IR PATIEKIMAS
- Karštas serviravimo patiekalas
- 1 šaukštelis kukurūzų krakmolo sumaišytas su 1 Tb vermuto arba šalto sultinio
- 1 Tb sviesto

INSTRUKCIJOS:
a) Nupjaukite salotų stiebus ir pašalinkite suvytusius lapus. Laikydami salotas už stiebo galo, švelniai pumpuokite aukštyn ir žemyn į šalto vandens dubenį, kad pašalintumėte visus nešvarumus.

b) Į verdantį vandenį panardinkite 2 ar 3 nuplautų salotų galvutes ir lėtai virkite neuždengę 3-5 minutes, kol salotos suminkštės. Išimkite suglebusias salotas, panardinkite į šaltą vandenį ir tęskite su likusia dalimi. Po vieną abiem rankomis švelniai, bet tvirtai suspauskite galvutes, kad pašalintumėte kuo daugiau vandens. Perpjaukite dideles galvas per pusę išilgai; mažas galvas palikite sveikas.

c) Pabarstykite druska ir pipirais; sulenkite galvutes per pusę skersai, kad susidarytumėte trikampio formos.

d) Vidutinė žolelių puokštė: 4 petražolių šakelės, $\frac{1}{4}$ šaukštelio čiobrelių ir lauro lapas, surištas į išplautą marlę

e) Įkaitinkite orkaitę iki 325 laipsnių.

f) Troškintuve šoninę pakepinkite svieste minutę ar dvi, kad labai lengvai apskrustų. Išimkite šoninę, įmaišykite svogūnus ir morkas ir lėtai kepkite 8–10 minučių, kol suminkštės, bet neparus. Išimkite pusę daržovių, ant likusių išdėliokite salotas, tada uždenkite virtomis daržovėmis ir šonine.

g) Nebūtinai supilkite vermutą ir tiek sultinio, kad vos apsemtų salotas. Užvirkite, ant salotų uždėkite vaškuoto popieriaus gabalėlį, uždenkite troškintuvą ir kepkite įkaitintos orkaitės viduriniame lygyje. Salotos turi virti labai lėtai apie 2 valandas. (Gali būti paruoštas iki šio taško; prieš kitą veiksmą pašildykite.)

h) Išimkite salotas į patiekimo indą. Jei reikia, greitai užvirinkite virimo skystį iki maždaug $\frac{1}{2}$ puodelio. Nuimkite nuo ugnies. Kukurūzų krakmolo mišinį supilkite į virimo skystį ir maišydami troškinkite 2 minutes. Nukelkite nuo ugnies, pasukite svieste, užpilkite ant salotų ir patiekite.

79. Choucroute Braisée a l'Alsacienne / Troškinti rauginti kopūstai

INGRIDIENTAI:
PIRMINIS GAMYBA
- $\frac{1}{2}$ svaro storais griežinėliais pjaustytos šoninės
- $2\frac{1}{2}$-3 kvorų liepsnai atsparus puodas su dangteliu
- 3 šaukštai lydytų žąsų ar kiaulienos riebalų arba kepimo aliejaus
- $\frac{1}{2}$ puodelio pjaustytų morkų
- 1 puodelis pjaustytų svogūnų

KRŪTIS
- 4 petražolių šakelės, 1 lauro lapas, 6 pipirų žirneliai ir, jei yra, 10 kadagio uogų, surištos į išplautą marlę
- Neprivaloma: 1 puodelis sauso baltojo vyno arba $\frac{3}{4}$ puodelio sauso baltojo vermuto
- 3-4 puodeliai vištienos sultinio
- Druska

INSTRUKCIJOS:
a) Šoninę supjaustykite 2 colių gabalėliais, 10 minučių virkite 2 litrais vandens, nusausinkite ir išdžiovinkite. Troškintuve bekoną lėtai pakepinkite riebaluose arba aliejuje su daržovėmis 10 minučių, nepakepdami. Įmaišykite raugintus kopūstus, išmeskite, kad pasidengtų riebalais ir daržovėmis, uždenkite troškintuvą ir lėtai virkite 10 minučių.

b) Norėdami atlikti kitą veiksmą, įkaitinkite orkaitę iki 325 laipsnių.)

c) Žolelių ir prieskonių pakelį įkaskite į raugintus kopūstus. Supilkite pasirinktą vyną ir tiek vištienos sultinio, kad apsemtų raugintus kopūstus.

d) Užvirkite, lengvai pagardinkite druska, ant raugintų kopūstų uždėkite vaškuoto popieriaus gabalėlį, uždenkite troškintuvą ir padėkite į įkaitintos orkaitės vidurinį lygį.

e) Rauginti kopūstai turi virti labai lėtai apie 4 valandas, o gamindami turi sugerti visą virimo skystį.

80. Pievagrybiai Sautés Au Beurre / Sautéed Mushrooms

INGRIDIENTAI:
- 10 colių neprideganti keptuvė
- 2 V sviesto
- 1 V šviesaus alyvuogių aliejaus arba kepimo aliejaus
- ½ svaro švieži grybai, nuplauti ir džiovinti (smulkūs sveiki grybai arba griežinėliais arba ketvirčiais supjaustyti grybai)
- 1-2 Tb maltų askaloninių česnakų arba laiškinių svogūnų
- Nebūtina: 1 skiltelė susmulkinto česnako, 2-3 TB maltų petražolių
- Druskos ir pipirų

INSTRUKCIJOS:
Padėkite keptuvę ant stiprios ugnies ir supilkite sviestą bei aliejų. Kai tik pamatysite, kad sviesto putos pradeda slūgti, suberkite grybus. Keptuvę dažnai išmeskite ir purtykite, kad grybai iškeptų tolygiai. Iš pradžių grybai sugers keptuvėje esančius riebalus; po kelių minučių paviršiuje vėl atsiras riebalai ir grybai pradės ruduoti. Kai lengvai paruduos, suberkite askaloninius česnakus arba laiškinius svogūnus ir neprivaloma česnako. Dar šiek tiek pamaišykite ir nukelkite nuo ugnies. Prieš patiekdami pašildykite ir pagal skonį pagardinkite druska, pipirais ir neprivaloma petražolėmis.

81. Mock Hollandaise padažas (Bâtarde)

INGRIDIENTAI:

- 3 V minkšto arba lydyto sviesto
- 3 Tb miltų
- 1¼ puodelio karšto daržovių virimo vandens arba pieno
- 1 kiaušinio trynys sumaišytas dubenyje su ¼ puodelio riebios grietinėlės
- Druskos ir pipirų
- 1-2 V citrinos sulčių
- 2 ar daugiau Tb minkšto sviesto

INSTRUKCIJOS:

a) Sviestą ir miltus sumaišykite nedideliame puode gumine mentele.
b) Vieliniu plaktuvu įmuškite karštą skystį, tada lėtai plakdami užvirinkite.
c) Šį karštą padažą supilkite į kiaušinio trynį ir grietinėlę, supilkite atgal į puodą ir maišydami užvirkite.
d) Nukelkite nuo ugnies ir pagal skonį pagardinkite druska, pipirais ir citrinos sultimis. Jei nenorite patiekti iš karto, gumine mentele nuvalykite keptuvės šonus ir padažo viršų su minkštu sviestu, kad nesusidarytų odelė.
e) Prieš patiekdami pašildykite, nukelkite nuo ugnies ir šaukštais įmuškite minkštą sviestą.

82. Crème Anglaise (Prancūziškas varškės padažas)

INGRIDIENTAI:

- 3 kiaušinių tryniai
- Pusantro ketvirčio nerūdijančio plieno arba emaliuotas puodas
- ⅓ stiklinės granuliuoto cukraus
- 1¼ puodelio karšto pieno
- 2 šaukšteliai vanilės ekstrakto
- Neprivaloma: 1 Tb romo
- 1 V minkšto sviesto

INSTRUKCIJOS:

a) Kiaušinių trynius išplakite puode iki tirštos ir lipnios masės (1 min.), palaipsniui supilkite cukrų, tada lašeliais įmaišykite į karštą pieną.

b) Maišykite ant vidutinės ugnies mediniu šaukštu, kol padažas pakankamai sutirštės, kad apsemtų šaukštą - neleiskite padažui priartėti prie troškinimo, nes kiaušinio tryniai sutirštės.

c) Nukelkite nuo ugnies ir įmaišykite vanilę, tada pasirenkamą romą ir sviestą. Patiekite šiltą arba vėsų.

83. Kreminiai grybai

INGRIDIENTAI:

- ¾ svarų smulkiai sumaltų šviežių grybų
- 2 Tb sviesto ir 1 Tb kepimo aliejaus
- 2 Tb maltų askaloninių česnakų arba laiškinių svogūnų
- 2 Tb miltų
- Apie ½ puodelio vidutinio grietinėlės
- Druskos ir pipirų

INSTRUKCIJOS:

Grybus pakepinkite karštame svieste ir aliejuje keletą minučių, kol gabalėliai ims atsiskirti vienas nuo kito. Įmaišykite askaloninius česnakus arba laiškinius svogūnus ir dar šiek tiek pakepkite. Sumažinkite ugnį, suberkite miltus ir maišydami virkite 2 minutes. Nukelkite nuo ugnies ir įmaišykite pusę grietinėlės. Truputį troškinkite maišydami ir po šaukštus įpilkite daugiau grietinėlės. Grybai turi tiesiog išlaikyti savo formą, kai pakeliami į šaukštą. Atsargiai pagardinkite druska ir pipirais. Prieš patiekdami pašildykite.

84. Padažas Mousseline Sabayon

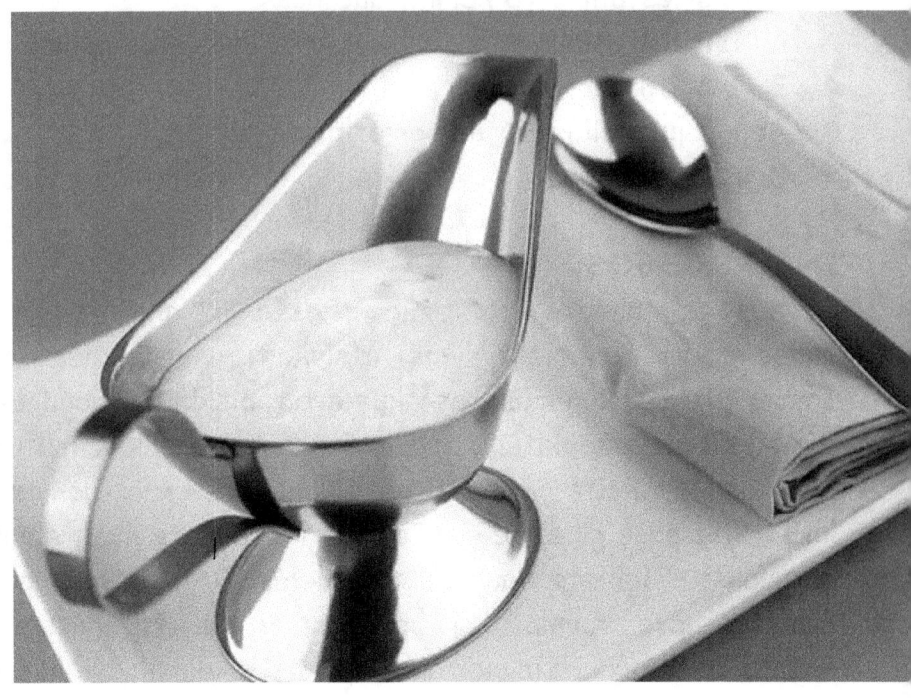

INGRIDIENTAI:

- ¼ puodelio sumažinto žuvies kepimo skysčio
- 3 TB riebios grietinėlės
- 4 kiaušinių tryniai
- 6 puodelių emaliuotas puodas ir vielos plakinys
- 1½–2 lazdelės (6–8 uncijos) minkšto sviesto
- Druska, baltieji pipirai ir lašai citrinos sulčių

INSTRUKCIJOS:

a) Puode suplakite žuvies sultinį, grietinėlę ir kiaušinių trynius vielos plakiniu.
b) Tada maišykite ant silpnos ugnies, kol mišinys pamažu sutirštės į šviesų kremą, kuris padengs plakimo laidus – būkite atsargūs, kad neperkaistumėte, nes kiaušinio trynys suplaks, tačiau turite juos pakaitinti tiek, kad sutirštėtų.
c) Nukelkite nuo ugnies ir iškart po šaukštą pradėkite plakti sviestą. Padažas palaipsniui sutirštės į tirštą grietinėlę.
d) Pagal skonį pagardinkite druska, pipirais ir lašeliais citrinos sulčių. Laikykite ant drungno – ne karšto – vandens, kol būsite pasiruošę naudoti.

DESERTAI

85. Paštetas Feuilletée / prancūziška sluoksniuota tešla

INGRIDIENTAI:

- 3-4 kotletų kevalai arba 8 trijų colių kotletų kevalai ir
- 8 dviejų colių užkandžių lukštai

DÉTREMPĖ

- 1 puodelis įprastų universalių miltų ir $3\frac{3}{4}$ puodeliai konditerijos miltų (matuokite sijodami tiesiai į sauso dydžio puodelius ir nušluodami perteklių)
- Maišymo dubuo
- 6 V atšaldyto nesūdyto sviesto
- 2 šaukšteliai druskos ištirpinti $\frac{3}{4}$ puodelio labai šalto vandens (jei reikia, daugiau vandens lašeliais)

PAKETAS

- 2 lazdelės ($\frac{1}{2}$ svaro) atšaldyto nesūdyto sviesto

INSTRUKCIJOS:

a) Į dubenį suberkite miltus, supilkite sviestą ir greitai sutrinkite pirštų galiukais arba plakite konditeriniu trintuvu, kol mišinys taps panašus į rupius miltus.

b) Greitai įmaišykite vandenį šiek tiek sulenktais vienos rankos pirštais, tvirtai suspauskite mišinį ir lašeliais įpilkite daugiau vandens, kad susidarytų tvirta, bet lanksti tešla.

c) Trumpai minkykite į 6 colių skersmens pyragą, kuo mažiau dirbdami tešlą. Įvyniokite į vaškuotą popierių ir atšaldykite 30-40 minučių. Tada iškočiokite į 10 colių apskritimą.

d) Plakite ir minkykite sviestą, kol jis taps visiškai vientisas, be gabalėlių, kalus, bet vis dar šaltas. Suformuokite 5 colių kvadratą ir padėkite į tešlos apskritimo vidurį. Tešlos kraštus padėkite ant sviesto, kad ji visiškai uždengtų. Užsandarinkite kraštus pirštais.

e) Lengvai pabarstykite miltais ir greitai iškočiokite į lygų maždaug 16 x 6 colių stačiakampį. Tarsi sulankstydami raidę, apatinį kraštą pakelkite iki vidurio, o viršutinį - žemyn, kad uždengtumėte, sudarydami tris lygius sluoksnius.
f) Apverskite tešlą taip, kad viršutinis kraštas būtų į dešinę, tešlą vėl iškočiokite į stačiakampį. Sulenkite tris, įvyniokite į vaškinį popierių ir plastikinį maišelį; ir atvėsinkite nuo 45 minučių iki 1 valandos.
g) Pakartokite su dar dviem ritinėliais ir sulenkimais; vėl atvėsinkite, tada užbaikite paskutinius du ritinius ir sulankstykite, kad iš viso būtų šeši. (Tai vadinama posūkiais.)
h) Po paskutinio 45-60 minučių atšaldymo sluoksniuotos tešlos tešla yra paruošta formuoti. Saugiai suvyniotą tešlą keletą dienų galima laikyti šaldytuve arba užšaldyti.

86. „Vol-au-Vent" / „Large Patty Shell".

INGRIDIENTAI:

- Sluoksniuotos tešlos tešla (ankstesnis receptas)
- Kiaušinių glajus (1 kiaušinis išplaktas su 1 šaukšteliu vandens)

INSTRUKCIJOS:

a) Atšaldytą sluoksniuotos tešlos tešlą iškočiokite į maždaug $\frac{3}{8}$ colio storio, 18 colių ilgio ir 10 colių pločio stačiakampį. Tešloje išpjaukite 2 septynių–aštuonių colių apskritimus, gerai sucentruodami juos ant tešlos, kad jie nesiliestų prie kraštų.

b) Perpilkite šaltu vandeniu ant kepimo skardos. Į centrą įdėkite vieną tešlos apskritimą, jo viršutinę perimetrą nudažykite šaltu vandeniu. Iš antrojo apskritimo centro nupjaukite 5–6 colių apskritimą, taip padarykite žiedą ir mažesnį apskritimą. Uždėkite žiedą ant pirmojo apskritimo, pirštais užsandarinkite du tešlos gabalėlius. Dabar turite plokščią dviejų sluoksnių cilindrą. Apatinio sluoksnio vidurį subadykite šakute, kad kepant centras nepakiltų.

c) Iškočiokite mažesnį apskritimą ir supjaustykite jį į 7–8 colių apskritimą, kad susidarytų dangtelis konditerijos cilindrui. Sudrėkinkite cilindro viršų šaltu vandeniu ir įspauskite galutinį apskritimą.

d) Tris tešlos sluoksnius užsandarinkite galiniu peilio kraštu, laikydami jį vertikaliai ir tešlos kraštuose kas $\frac{1}{8}$ colio įspausdami įdubas. Prieš kepdami atvėsinkite 30 minučių. Prieš pat kepimą, viršų nudažykite kiaušinių glaistu, o ant glazūruoto paviršiaus nubrėžkite šakute, kad padarytumėte dekoratyvines kryželio žymes.

e) Kepkite 20 minučių iki 400 laipsnių įkaitintos orkaitės viduriniame lygyje. Kai padidės maždaug trigubai ir pradės gražiai ruduoti, sumažinkite šilumą iki 350 laipsnių ir kepkite 30–40 minučių ilgiau, kol šonai taps rudi ir traškūs.

f) Nupjaukite po viršutiniu dangteliu, nuimkite ir šakute išskobkite nevirtą tešlą iš lukšto. Kepkite neuždengtą dar 5 minutes, kad vidus išdžiūtų, tada atvėsinkite ant grotelių. Kelias minutes pakaitinkite 400 laipsnių temperatūroje prieš patiekdami su pasirinktu karštu įdaru.

87. Creme Chantilly / Lengvai plakta grietinėlė

INGRIDIENTAI:

- ½ pintos (1 puodelis) atšaldytos riebios arba plakamos grietinėlės
- Atšaldytas 3 litrų dubuo
- Didelis vielos plakinys, atšaldytas
- 2 V sijoto konditerinio cukraus
- 1-2 Tb likerio arba 1 šaukštelis vanilės ekstrakto
- 2 storio drėgnos, išplautos marlės, įdėtos į sietelį virš dubens

INSTRUKCIJOS:

Supilkite grietinėlę į atšaldytą dubenį ir lėtai plakite plaktuvu, kol grietinėlė pradės putoti. Palaipsniui didinkite plakimo greitį iki vidutinio ir tęskite tol, kol plakiklis paliks šviesius pėdsakus kremo paviršiuje ir šiek tiek pakėlus bei nuleidus švelniai išlaikys formą. (Karštu oru geriausia plakti ant įskilusio ledo.) Švelniai įmaišykite persijotą cukrų ir kvapiąsias medžiagas. Jei kremą gaminate iš anksto, pasukite jį į marle išklotą sietelį ir atšaldykite; grietinėlė išliks plakta, o į dubens dugną prasisunkęs skanus skystis gali būti panaudotas dar kam.

88. Crème Renversée Au Caramel / Molded Caramel Custard

INGRIDIENTAI:

- 5 kiaušiniai (JAV klasifikuojami „dideli")
- 4 kiaušinių tryniai
- $2\frac{1}{2}$ litrų maišymo dubuo ir vielos plaktuvas
- $\frac{3}{4}$ puodelio granuliuoto cukraus
- $3\frac{3}{4}$ puodeliai verdančio pieno
- Vanilės ankštis, pamirkyta 10 minučių karštame piene arba $1\frac{1}{2}$ šaukštelio vanilės ekstrakto
- 6 puodelių karamelizuota cilindrinė forma arba maždaug $3\frac{1}{2}$ colio gylio kepimo indas
- Puodas verdančio vandens

INSTRUKCIJOS:

Įkaitinkite orkaitę iki 350 laipsnių.

Suplakite kiaušinius ir trynius maišymo dubenyje vielos plakiniu; pamažu beriame cukrų. Kai masė bus šviesi ir putojanti, labai plona srovele įplakite karštą pieną. (Jei naudojate, įberkite vanilės ekstrakto.) Nukoškite per smulkų sietelį į karamelizuotą formą. Dėkite į puodą su verdančiu vandeniu ir kepkite apatinėje įkaitintos orkaitės trečdalyje. Kad kremas būtų lygus, reguliuokite šilumą, kad vanduo keptuvėje niekada neužvirtų. Kremas paruošiamas maždaug per 40 minučių arba kai peilis, įmestas per centrą, išeina švarus.

Kad patiektumėte šiltą, palikite 10 minučių nusistovėti puode su šaltu vandeniu. Apverskite šiltą serviravimo indą aukštyn kojomis ant kreminio kremo, tada apverskite du kartus, kad kremas išplaktų.

Kad patiektumėte šaltą, leiskite atvėsti iki kambario temperatūros; atvėsinkite keletą valandų, tada išimkite formą.

89. Liepsnojantis soufflé / Crème Anglaise

INGRIDIENTAI:
- Nutarkuota 2 apelsinų žievelė
- ⅔ stiklinės granuliuoto cukraus
- Maišymo dubuo
- 6 kiaušinių tryniai
- Nerūdijančio plieno dubuo arba puodas
- ¼ puodelio tamsaus romo arba apelsinų sulčių
- Vielos plakinys
- Elektrinis maišytuvas

INSTRUKCIJOS:
a) Įkaitinkite orkaitę iki 375 laipsnių.
b) Apelsinų žievelę ir cukrų sutrinkite dubenyje mediniu šaukštu, kad išsiskirtų kuo daugiau apelsinų aliejaus. Į dubenį arba puodą sudėkite kiaušinių trynius.
c) Palaipsniui įberkite apelsinų cukrų ir plakite toliau, kol kiaušinių tryniai taps šviesiai geltoni ir sutirštės.
d) Supilkite romą arba apelsinų sultis, tada padėkite ant vos verdančio vandens ir plakite vielos plaktuvu (2 smūgiai per sekundę), kol mišinys pavirs šilta, tiršta grietinėle. Tai užtruks 3 ar 4 minutes, o mišinys bus pakankamai tirštas, kad susidarytų lėtai tirpstantis kaspinas, kai šiek tiek nukris nuo plaktuvo ir nukris atgal ant paviršiaus.
e) Nukelkite nuo ugnies ir plakite elektriniu plaktuvu 4-5 minutes, kol atvės ir sutirštės.

90. Charlotte Malakoff Au Chocolat

INGRIDIENTAI:
BISCUITS À LA CUILLER (skirta nuo 24 iki 30 pirštų)
- 2 didelės kepimo skardos (18 x 24 colių)
- 1 V minkšto sviesto
- Miltai
- Konditerinis maišelis su apvalia $\frac{3}{8}$ colio skersmens vamzdelio anga arba didelis virtuvinis šaukštas
- $1\frac{1}{2}$ stiklinės cukraus pudros sietelyje
- 3 litrų maišymo dubuo
- $\frac{1}{2}$ puodelio granuliuoto cukraus
- 3 kiaušinių tryniai
- 1 šaukštelis vanilės ekstrakto
- 3 kiaušinių baltymai
- Žiupsnelis druskos
- $\frac{1}{8}$ šaukštelio totorių grietinėlės
- 1 V granuliuoto cukraus
- ⅔ puodelio paprastų balintų pyrago miltų

DESERTINIO PELIETO IŠKLAVIMAS LAIDYPIRŠTELĖMIS
- 2 kvartų cilindrinė forma, 4 colių aukščio, jei įmanoma, ir 7 colių skersmens
- Vaškuotas popierius
- ⅓ puodelio apelsinų likerio
- ⅔ puodelio vandens
- 24 moteriški pirštai, 4 colių ilgio ir maždaug 2 colių pločio

MIGDOLŲ KREMAS
- 4 litrų maišymo dubuo
- $\frac{1}{2}$ svaro minkšto nesūdyto sviesto
- 1 puodelis greito labai smulkaus granuliuoto cukraus
- $\frac{1}{4}$ puodelio apelsinų likerio
- ⅔ puodelio pusiau saldaus šokolado gabaliukų, ištirpintų su $\frac{1}{4}$ puodelio stiprios kavos

- ¼ šaukštelio migdolų ekstrakto
- 1⅓ stiklinės migdolų miltelių (blanširuotų migdolų, sumaltų trintuve arba per mėsmalę su trupučiu greitojo cukraus)
- 2 stiklinės riebios grietinėlės, atšaldytos
- Atšaldytas dubuo ir plakiklis

INSTRUKCIJOS:

Įkaitinkite orkaitę iki 300 laipsnių.
Paruoškite kepimo skardas, lengvai įtrinkite sviestu, pabarstykite miltais ir numuškite miltų perteklių. Surinkite konditerinį maišelį, jei tokį naudojate; paruoškite cukraus pudrą ir išmatuokite likusius išvardytus ingredientus.
Maišymo dubenyje pamažu išplakite cukrų su kiaušinių tryniais, suberkite vanilę ir toliau plakite keletą minučių, kol masė taps tiršta, šviesiai geltona ir suformuos juostelę. Atskirame dubenyje iki putų išplakite kiaušinių baltymus, supilkite druską ir grietinėlę ir toliau plakite, kol susidarys minkštos smailės. Pabarstykite šaukštą granuliuoto cukraus ir plakite, kol susidarys standžios smailės.
Vieną ketvirtadalį kiaušinių baltymų užpilkite ant kiaušinių trynių ir cukraus, persijokite į ketvirtadalį miltų ir švelniai išmaišykite, kol iš dalies susimaišys. Tada įpilkite trečdalį likusių kiaušinių baltymų; persijokite ant trečdalio likusių miltų, sulenkite, kol vėl iš dalies susimaišys. Pakartokite su puse, o paskui su paskutiniu. Nebandykite maišyti per daug; tešla turi likti lengva ir puri.
Su konditerijos maišeliu arba dideliu virtuviniu šaukštu ant konditerijos lakštų padarykite lygias 4 colių ilgio, 1½ colio pločio tešlos linijas, išdėstytas 1 colio atstumu. Pabarstykite 1/16 colio miltelinio cukraus sluoksniu. Kepkite iš karto viduriniame ir viršutiniame-trečiame orkaitės lygiuose apie

20 minučių. Ladyfingers daromas, kai po cukraus danga yra labai šviesiai ruda. Išorėje jie turi būti šiek tiek traškūs, viduje minkšti, bet sausi. Mentele išimkite iš kepimo skardų; Atvėsinkite ant tortų grotelių.
Sausos formos dugną išklokite vaškuoto popieriaus apvaliu sluoksniu. Į sriubos lėkštę supilkite likerį ir vandenį. Po vieną sekundę panardinkite pirštelius į skystį, tada nusausinkite ant tortų grotelių. Formos viduje išdėliokite eilę vertikalių moteriškų pirštų, glaudžiai suspaustų vienas prie kito, jų išlenktas puses prie formos. Likusius panardintus ladyfingers palikite.
Sviestą ir cukrų plakite keletą minučių, kol taps šviesūs ir purūs. Įmuškite apelsinų likerį, ištirpintą šokoladą ir migdolų ekstraktą; toliau plakite keletą minučių, kol cukrus nebebus grūdėtas. Įmuškite migdolus. Atšaldytą grietinėlę išplakite atšaldytame dubenyje atšaldytu plakikliu tol, kol plakiklis paliks šviesius pėdsakus ant grietinėlės – daugiau neplakite, nes kitaip grietinėlė gali neatvėsti tolygiai. Supilkite grietinėlę į šokolado-migdolų mišinį. Trečdalį mišinio pasukite į išklotą formą, ant jo išdėliokite ladyfingers sluoksnį ir tęskite šokoladinio-migdolinio kremo ir ladyfingers sluoksniais, baigdami ladyfingers, jei jų liko. Nupjaukite pirštus, išsikišusius virš formos krašto, ir įspauskite gabalėlius į kremo viršų. Uždenkite formą vaškuotu popieriumi, ant popieriaus uždėkite lėkštę ir uždėkite svarmenį (pavyzdžiui, 2 puodeliai vandens). Šaldykite 6 valandas arba per naktį; sviestas turi būti atšaldytas kietai, todėl desertas nesubyrės neformuotas. (Šaldytuve desertas gali būti laikomas keletą dienų arba gali būti užšaldytas.)
IŠLIEDIMAS IR TEIKIMAS

Norėdami patiekti, nuimkite vaškuotą popierių nuo viršaus, peiliu apveskite vidinį pelėsio kraštą, švelniai stumdami, kad išstumtumėte desertą. Atšaldytą patiekimo indą apverskite aukštyn kojomis virš formos ir apverskite abu veiksmus, smarkiai trūktelėdami žemyn, kad desertas nukristų ant lėkštės. Šarlotės viršų papuoškite tarkuotu šokoladu. Šaldykite, jei nepateiksite iš karto.

91. Poires Au Gratin / Kriaušės, keptos su vynu

INGRIDIENTAI:

2 colių aukščio ir 8 colių skersmens kepimo indas
1 V minkšto sviesto
3-4 tvirtos, prinokusios kriaušės
⅓ puodelio abrikosų uogienės
¼ puodelio sauso balto vermuto
2-3 pasenę makaronai
2 V sviesto supjaustyti taškais

INSTRUKCIJOS:

Kepimo formą ištepkite sviestu. Kriaušes nulupkite, supjaustykite ir išimkite šerdį; supjaustykite išilgai maždaug ⅜ colio storio griežinėliais ir išdėliokite inde. Abrikosų uogienę per sietelį suverskite į dubenį; sumaišykite su vermutu ir užpilkite ant kriaušių. Viską sutrupinkite makaronus, ant viršaus padėkite sviesto taškelius. Įdėkite į vidutinį įkaitintos orkaitės lygį ir kepkite 20-25 minutes, kol viršus lengvai apskrus. Patiekite karštą, šiltą ar šaltą ir, jei norite, padėkite su ąsočiu riebios grietinėlės.

92. Timbale Aux Épinards / Formuotas špinatų kremas

INGRIDIENTAI:
- ½ puodelio maltų svogūnų
- 2 V sviesto
- Puodas iš nerūdijančio plieno arba emaliu padengtas dangteliu (špinatai įgaus metalo skonį, jei bus virti paprastose metalinėse keptuvėse)
- nuo 2½ iki 3 svarų. švieži špinatai, apipjaustyti ir 3 minutes blanširuoti verdančiame vandenyje; arba 2 pakuotės (po 10 uncijų) šaldytų špinatų lapų, atšildytų šaltame vandenyje
- Nerūdijančio plieno peilis špinatams pjaustyti
- ¼ šaukštelio druskos
- Suberkite pipirus ir muskato riešutą

PRIDĖTI
- 1 puodelis pieno
- 5 kiaušiniai
- 2 V sviesto
- Maišymo dubuo
- ⅔ puodelio pasenusių baltos duonos trupinių
- ½ puodelio tarkuoto šveicariško sūrio
- Druskos ir pipirų
- 6 puodelių žiedinė forma arba suflė indelis arba 4 1½ puodelio talpos ramekinai

INSTRUKCIJOS:

a) Svogūnus lėtai pakepinkite svieste. Tuo tarpu po nedidelę saują išspauskite špinatus, kad pasišalintų kuo daugiau vandens. Supjaustykite į smulkią tyrę. Kai svogūnai suminkštės, įmaišykite špinatus, druską, pipirus ir muskato riešutą.

b) Uždenkite keptuvę ir kepkite labai lėtai, retkarčiais pamaišydami, kad nepriliptų, kol špinatai suminkštės (apie 5 minutes).
c) Kai špinatai iškeps, įmaišykite papildomą sviestą ir pieną. Į dubenį įmuškite kiaušinius, tada palaipsniui įmaišykite į juos šiltą špinatų mišinį. Įmaišykite duonos trupinius ir sūrį bei tinkamai pagardinkite. Supilkite į paruoštą formą.

KEPIMAS IR TEIKIMAS

d) Puodas, kuriame yra apie $1\frac{1}{2}$ colio verdančio vandens
e) Nebūtina: grietinėlės padažas, lengvas sūrio padažas arba olandiškas padažas (žr. šį puslapį)
f) Įkaitinkite orkaitę iki 325 laipsnių.
g) Formą sudėkite į puodą su verdančiu vandeniu (vandens turi būti nuo $\frac{1}{2}$ iki ⅔ iki formos) ir padėkite į apatinį orkaitės trečdalį. Kepkite 30–40 minučių, priklausomai nuo formos formos, kol peilis, įsmeigtas į kremo centrą, išeis švarus. Leiskite nusistovėti 5 minutes prieš išformuodami arba palaikykite šiltai vandens puode 150 laipsnių orkaitėje.
h) Norėdami išsilieti, apveskite peilį per kremo kraštą; apverskite karštą serviravimo indą aukštyn kojomis virš formos, du kartus apverskite ir kremas nukris ant indo.
i) Nulupkite vaškuotą popierių nuo viršaus. Padažas nereikalingas, jei tembalas užims daržovių vietą; jei tai bus pirmasis ar pagrindinis patiekalas, ant jo uždėkite grietinėlės padažo, lengvo sūrio padažo arba olandiško padažo.

93. Timbale Au Jambon / Molded Ham Custard

INGRIDIENTAI:

1½ stiklinės virtų makaronų
¾ puodelio grybų, anksčiau pakeptų svieste
⅔ puodelio virto kumpio
½ puodelio svogūnų, anksčiau pakeptų svieste
Druskos ir pipirų
1 puodelis tiršto grietinėlės padažo
½ puodelio tarkuoto šveicariško sūrio
3 kiaušinių tryniai
1 TB pomidorų pasta
¼ puodelio maltų petražolių
3 standžiai išplakti kiaušinių baltymai
6 puodelių žiedinė forma, suflė indas arba kepimo skarda arba 4 1½ puodelio talpos ramekinai

INSTRUKCIJOS:

Įkaitinkite orkaitę iki 325 laipsnių.
Sudėkite makaronus, grybus, kumpį ir svogūnus per vidutinį maisto malūnėlio ar smulkintuvo peiliuką. Dubenyje sutrinkite mišinį su prieskoniais, grietinėlės padažu, sūriu, kiaušinių tryniais, pomidorų pasta ir petražolėmis. Supilkite išplaktus baltymus ir supilkite į paruoštas formeles arba formeles. Įdėkite į puodą su verdančiu vandeniu ir kepkite apie 30 minučių, priklausomai nuo formos formos (žiedinė forma iškeps greičiau nei suflė). Timbalas paruošiamas, kai mišinys pakyla maždaug ½ colio ir gražiai paruduoja viršus. Vėsdamas jis šiek tiek nuskandins, tačiau prieš patiekiant gali būti šiltas gerą pusvalandį. Išformuokite ant karšto serviravimo indo.

PADAŽAS IR GARNITŪRAS

Jei naudojote žiedinę formą, tembalą galite užpildyti virtomis žaliomis daržovėmis; kitu atveju galite jį apibarstyti daržovėmis. Tiktų pomidorų padažas, grietinėlės padažas, sumaišytas su žolelėmis ar šaukštas pomidorų pastos, arba lengvas sūrio padažas, užteptas ant timbalo.

94. Biskvitas arba šokoladas / šokoladinis biskvitas

INGRIDIENTAI:

- 1 V minkšto sviesto
- Miltai
- Apvali vientisa 8 colių skersmens ir 1½ colio gylio torto forma
- ⅔ iki 1 puodelio (4-6 uncijos) pusiau saldaus šokolado gabaliukų (mažesnis kiekis suteikia lengvesnį pyragą)
- 1 kupinas Tb tirpios kavos ištirpintos 2 Tb verdančio vandens

TORTŲ TEŠLA

- 3 kiaušiniai (JAV klasifikuoti „dideli")
- Didelis maišymo dubuo
- ½ puodelio granuliuoto cukraus
- ⅔ puodelio pyrago miltų (sijokite tiesiai į puodelius, išlyginkite peiliu ir grąžinkite miltus į sietelį)
- 3½ šaukšto minkšto nesūdyto sviesto

INSTRUKCIJOS:

a) Įkaitinkite orkaitę iki 350 laipsnių.
b) Lengvai patepkite sviestu pyrago formos vidų, į vidų apvoliokite miltus, kad visiškai padengtų paviršių, ir išmuškite miltų perteklių. Ištirpinkite šokoladą su kava, tada leiskite atvėsti iki drungnos.
c) Kiaušinių baltymams: žiupsnelis druskos, ⅛ šaukštelio grietinės ir 1 V granuliuoto cukraus
d) Elektrinis maišytuvas su dideliais ir mažais dubenėliais ir, jei įmanoma, papildomais peiliukais (arba 2 dubenys ir 2 dideli plaktuvai); guminės mentelės
e) Atskirkite kiaušinius, trynius sudėkite į didelį dubenį, o baltymus į kitą dubenį (arba nedidelį maišytuvo dubenį). Išmatuokite pyrago miltus ir sutrinkite sviestą, kad jis suminkštėtų.

f) Maišytuvu arba dideliu plakiniu plakite cukrų palaipsniui į kiaušinių trynius ir toliau plakite keletą minučių, kol masė taps tiršta ir citrinos spalvos. Jei naudojate mikserį, įmaišykite drungną ištirpintą šokoladą, tada sviestą; kitu atveju sviestą palaipsniui išplakite į šokoladą iki vientisos masės, tada į trynius ir cukrų.

g) Kiaušinių baltymus išplakite švariu sausu plaktuvu arba dideliu vieliniu plaktuvu iki putų, tada įmaišykite druską ir grietinėlę. Tęskite plakimą, kol susidarys minkštos smailės; pabarstykite cukrumi ir plakite, kol susidarys standžios smailės.

h) Gumine mentele įmaišykite ¼ kiaušinių baltymų į šokolado ir kiaušinio trynio mišinį; kai iš dalies sumaišoma, išsijoti ¼ pyrago miltų. Greitai ir subtiliai sulankstykite gumine mentele; kai iš dalies sumaišysite, pradėkite dėti ⅓ likusių kiaušinių baltymų. Kai tai iš dalies susimaišys, persijokite ant ⅓ likusių miltų ir toliau taip pakaitomis su miltais ir kiaušinių baltymais greitai sulenkite, kol viskas susimaišys.

KEPIMO

i) Pasukite į paruoštą pyrago formą; pakreipkite keptuvę, kad tešla ištekėtų į viršų. Nedelsdami dėkite į įkaitintos orkaitės vidurinį lygį ir kepkite apie 30 min.

j) Tortas šiek tiek pakils virš formos krašto, o viršus suskils. Tai daroma, kai adata arba šakutė, įsmeigta žemyn per pyrago centrą, išeina švari; labai silpna susitraukimo linija taip pat bus matoma tarp pyrago krašto ir keptuvės. Išimkite iš orkaitės ir leiskite atvėsti 5 minutes, tada išimkite formą ant tortų grotelių.

k) Jei šaltas pyragas nėra apledėjęs, sandariai suvyniokite ir atšaldykite arba užšaldykite.

95. Crème au Beurre à l'Anglaise / Custard Butter Cream

INGRIDIENTAI:
- $2\frac{1}{2}$ litrų maišymo dubuo
- 4 kiaušinių tryniai
- ⅔ stiklinės granuliuoto cukraus
- $\frac{1}{2}$ puodelio karšto pieno
- $\frac{1}{2}$ svaro minkšto nesūdyto sviesto
- Kvapiųjų medžiagų pasirinkimas: 3 Tb romo, kiršo, apelsinų likerio arba stiprios kavos; arba 1 Tb vanilės ekstrakto; arba ⅓ puodelio (2 uncijos) pusiau saldaus šokolado gabaliukų, ištirpinto

ŠOKOLADINĖ GLAJAUS
- 1 puodelis (6 uncijos) pusiau saldaus šokolado gabaliukų
- $\frac{1}{4}$ puodelio kavos

INSTRUKCIJOS:
a) Į maišymo dubenį sudėkite kiaušinių trynius; pamažu suberkite cukrų ir plakite toliau, kol masė taps tiršta ir citrinos spalvos. Tada palaipsniui supilkite pieną.
b) Supilkite į švarų puodą ir mediniu šaukštu maišykite ant vidutiniškai silpnos ugnies, kol mišinys pamažu sutirštės tiek, kad šaukštą pasidengtų šviesia grietinėle. (Saugokitės, kad neperkaistumėte, nes kiaušinių tryniai sutirštės, bet mišinys turi sutirštėti.)
c) Įdėkite keptuvę į šaltą vandenį ir maišykite, kol suminkštės; išplaukite maišymo dubenį ir vėl į jį supilkite kremą. Tada vieliniu plaktuvu arba elektriniu plaktuvu palaipsniui šaukštais plakite minkštą sviestą. Įmaišykite kvapiąją medžiagą.
d) Jei grietinėlė atrodo grūdėta, šaukštais įmaišykite daugiau sviesto. Jei reikia, atvėsinkite arba išmaišykite ant susmulkinto ledo; kremas turi būti lygus, tirštas ir vienalytis. (Likęs sviestinis kremas gali būti užšaldytas.)

TORTATO UŽPILDYMAS IR GLEDĖJIMAS

e) Kai pyragas visiškai atšals, nuvalykite nuo paviršiaus trupinius. Palikite pyragą aukštyn kojomis, nes norite, kad šonai būtų šiek tiek pasvirę į vidų. Išpjaukite nedidelį vertikalų pleištą iki torto krašto; tai padės jums ją iš naujo formuoti. Tada perpjaukite pyragą per pusę horizontaliai. Apatinę pusę (buvusią viršutinę) paskleiskite $\frac{1}{4}$ colio sviestinio kremo sluoksnį; pakeiskite antrąją pusę, išlygindami dvi dalis pleištu. Aptepkite pyrago viršų ir šonus glajumi, išlyginkite mentele, pamirkyta karštame vandenyje, o šonus laikykite šiek tiek pasvirusius į vidų. Atvėsinkite, kol glajus sutvirtės.

ŠOKOLADINĖ GLAJAUS

f) Ištirpinkite šokolado gabaliukus su kava ir palikite atvėsti, kol atvės.

g) Atvėsusį pyragą dėkite ant grotelių ant padėklo ir ant viršaus užpilkite visą šokoladą, leiskite jam nukristi per šonus, kurie, jei gražiai išlygins ir šiek tiek pasvirusi, turėtų puikiai atlaikyti šokolado dangą.

h) Kai glajus sustings, perkelkite pyragą į serviravimo lėkštę. (Tortas turi būti laikomas šaldytuve.)

96. Tarte Aux Pommes / Prancūziškas obuolių pyragas

INGRIDIENTAI:

- 8 colių iš dalies iškeptas tešlos apvalkalas, dedamas ant sviestu išteptos kepimo skardos
- 3-4 puodeliai tirštos, nepagardintos obuolių padažo
- ½-⅔ puodelio granuliuoto cukraus
- 3 Tb obuolių brendžio, konjako arba romo arba 1 Tb vanilės ekstrakto
- Nutarkuota 1 citrinos žievelė
- 2 V sviesto
- 2-3 obuoliai, nulupti ir supjaustyti ⅛ colio išilgai griežinėliais
- ½ puodelio abrikosų uogienės, perkošti ir išvirti iki 228 laipsnių su 2 Tb cukraus

INSTRUKCIJOS:

Įkaitinkite orkaitę iki 375 laipsnių.

Į obuolių padažą įmaišykite ½-⅔ puodelio cukraus, įpilkite likerio arba vanilės ir citrinos žievelės. Virkite, dažnai maišydami, kol padažas bus pakankamai tirštas, kad sulaikytų masę šaukšte. Įmaišykite sviestą ir obuolių padažą paverskite konditerijos lukštu, užpildydami jį beveik iki kraštų. Ant viršaus koncentriniais apskritimais išdėliokite glaudžiai persidengiančias žalių obuolių skilteles. Kepame 30 minučių įkaitintoje orkaitėje. Išpilkite pyragą ant serviravimo lėkštės; nudažykite viršų ir šonus šilta abrikosų uogiene. Patiekite karštą, šiltą ar šaltą, jei norite, su lengvai plakta grietinėle.

97. Biskvitas Roulé a l'Orange Et Aux Amandes

INGRIDIENTAI:
PRIEMONĖS

- 3 V sviesto
- 11 colių skersmens, 17 colių ilgio ir 1 colio gylio želė arba pyrago forma
- Miltai
- ⅔ stiklinės granuliuoto cukraus
- 3 kiaušiniai
- 1 apelsino žievelė (ją sutarkuokite į maišymo dubenį, kuriame yra tryniai)
- ⅓ puodelio nutrintų apelsinų sulčių
- ¾ puodelio susmulkintų blanširuotų migdolų (juos susmulkinkite elektriniu trintuvu arba per mėsmalę su dalimi ⅔ puodelio granuliuoto cukraus)
- ¼ šaukštelio migdolų ekstrakto
- ¾ puodelio išsijotų paprastų balintų pyrago miltų (sauso matavimo puodelius padėkite ant vaškuoto popieriaus, miltus išsijokite tiesiai į puodelius ir nuvalykite perpildymą tiesia briauna peiliu)
- Nedaug ¼ arbatinio šaukštelio totorių kremo
- Žiupsnelis druskos
- 1 V granuliuoto cukraus
- 1½ šaukštelio drungno lydyto sviesto
- Cukraus pudra sietelyje

INSTRUKCIJOS:

Įkaitinkite orkaitę iki 375 laipsnių ir padėkite lentyną į vidurinį lygį. Ištirpinkite sviestą ir leiskite atvėsti iki drungno: dalis skirta keptuvėms, dalis – pyragui. Ištepkite pyrago formos vidų ištirpintu sviestu ir išklokite 12 x 21 colio vaškuoto popieriaus gabalėliu, leiskite galams išsikišti už formos kraštų. Sviestu ištepkite popierių, apvoliokite miltus, padengdami visą vidinį paviršių, ir išmuškite miltų perteklių.

TORTŲ TEŠLOS MAIŠYMAS

Naudodami didelį vielos plakinį, palaipsniui įmuškite cukrų į kiaušinių trynius ir apelsino žievelę; stipriai plakite minutę ar dvi, kol mišinys taps tirštas ir šviesiai geltonas. Supilkite apelsinų sultis, tada migdolus, migdolų ekstraktą ir miltus.

Kiaušinių baltymus trumpam plakite vidutiniu greičiu; kai jie pradės putoti, įpilkite totorių grietinėlės ir druskos. Plakite didžiausiu greičiu, kol kiaušinių baltymai susiformuos minkštomis putelėmis, pabarstykite cukrumi ir plakite dar kelias sekundes, kol kiaušinių baltymai taps standžiomis smailėmis, kai pakelsite šaukštu ar mentele.

Ant trynių mišinio išplakti kiaušinių baltymus. Greitai ir švelniai sulankstykite kartu naudodami guminę mentelę; kai beveik susimaišys, greitai įmaišykite drungną sviestą po $\frac{1}{2}$ Tb vienu metu.

Nedelsdami pasukite tešlą į paruoštą skardą, išlygindami visą paviršių. Trumpam padėkite keptuvę ant stalo, kad mišinys būtų lygus, ir įdėkite į įkaitintos orkaitės vidurinį lygį.

KEPIMO

Kepame apie 10 min. Pyragas iškepamas, kai vos pradeda spalva, kai paspaudus pirštais viršus šiek tiek elastingas arba purus, o tarp pyrago ir keptuvės šonų matosi silpniausia atskyrimo linija. Neperkepkite, nes pyragas suplyš kočiodamas; jis turi būti minkštas ir purus.

VĖSINIMAS IR IŠLIEDIMAS

Išimkite iš orkaitės ir pyrago viršų pabarstykite 1/16 colio miltelinio cukraus sluoksniu. Uždenkite vaškuoto popieriaus lapu. Nuplaukite rankšluostį šaltu vandeniu, išgręžkite ir padėkite ant vaškuoto popieriaus. Apverskite pyragą aukštyn kojomis ir palikite atvėsti 20 minučių.

Norėdami išimti formą, viename keptuvės gale atlaisvinkite popierinį pamušalą. Laikydami popierių lygiai ant stalo, palaipsniui nukelkite nuo skardos, pradėdami nuo popieriaus galo. Atsargiai nuimkite popierių nuo ilgųjų pyrago kraštų, tada nulupkite jį nuo viršaus. Apipjaustykite rudus kraštus aplink tortą; vyniojant jie įtrūks. Dabar pyragas yra paruoštas įdarui, o tai turėtų būti padaryta nedelsiant.

98. Farce Aux Fraises Cio-Cio-San

INGRIDIENTAI:

- 4 puodeliai supjaustytų šviežių braškių ir apie ½ puodelio cukraus; arba 3 dešimties uncijų pakuotės šaldytų, supjaustytų braškių, atšildytų ir nusausintų
- 2 TB sausas baltas vermutas
- 2 Tb konjako, apelsinų likerio arba kirsch
- 2 pakeliai (2 Tb) nepagardintos miltelių želatinos
- ⅔ puodelio pjaustytų migdolų
- ½ puodelio sirupe konservuotų kumquats, išsėti sėklomis ir supjaustyti kubeliais
- Dekoratyviniai pasiūlymai: cukraus pudra, griežinėliais pjaustyti migdolai ir kumkatai arba cukraus pudra ir sveikos braškės

INSTRUKCIJOS:

Jei naudojate šviežias braškes, suberkite jas į dubenį su cukrumi ir palikite 20 minučių. Į nedidelį puodą supilkite vyną ir likerį, įpilkite ¼ puodelio braškių sulčių ir pabarstykite želatina. Leiskite keletą minučių suminkštėti, tada maišykite ant ugnies, kad želatina visiškai ištirptų. Sulenkite į braškes kartu su migdolais ir kubeliais supjaustytais kumquatais. Atvėsinkite arba maišykite ant ledo, kol sutirštės, tada paskleiskite ant pyrago.

Susukite pyragą iš trumpojo ar ilgojo galo, priklausomai nuo to, ar jums labiau patinka ilgas ar riebus vyniotinis; naudokite apatinį vaškuoto popieriaus sluoksnį, kuris padės apversti pyragą ant paties.

Tortą perkelkite į serviravimo lentą ar lėkštę; uždenkite vaškuotu popieriumi ir šaldykite, jei nepateiksite gana greitai. Prieš patiekdami apibarstykite cukraus pudra (po šonais ir galais palindęs vaškinis popierius išliks tvarkingas), papuoškite migdolais ir kumquatais arba braškėmis.

Pagardinkite, jei norite, su daugiau braškių ir saldintos plaktos grietinėlės.

99. Itališkas Meringue

INGRIDIENTAI:

- 3 kiaušinių baltymai
- Elektrinis plaktuvas
- Žiupsnelis druskos
- Nedaug ¼ arbatinio šaukštelio totorių kremo
- 1⅓ stiklinės granuliuoto cukraus
- ⅓ puodelio vandens
- Nedidelis sunkus puodas

INSTRUKCIJOS:

a) Tam maždaug tuo pačiu metu reikia išplakti kiaušinių baltymus ir virti cukraus sirupą; jei galite, dirbkite juos kartu. Kiaušinių baltymams reikės elektrinio plaktuvo; jei turite dviejų indų maišytuvą, baltymus išplakite mažame dubenyje ir supilkite cukraus sirupą į didelį dubenį.

b) Kiaušinių baltymus plakite vidutiniu greičiu, kol pradės putoti; įpilkite totoro druskos ir grietinėlės ir plakite dideliu greičiu, kol kiaušinių baltymai taps standūs, kai juos pakėlus šaukštu ar mentele.

c) Supilkite cukrų ir vandenį į puodą ir padėkite ant stiprios ugnies. Nemaišykite, švelniai, kol cukrus visiškai ištirps ir skystis taps visiškai skaidrus. Uždenkite keptuvę ir greitai, nemaišydami, virkite akimirką ar dvi: kondensuojantys garai krenta nuo dangčio, nuplauna keptuvės šonus ir neleidžia susidaryti kristalams. Kai burbuliukai pradeda tirštėti, atidenkite keptuvę ir greitai virkite iki minkšto rutulio stadijos, 238 laipsnių.

d) Kiaušinių baltymus plakite vidutiniškai lėtai, plona srovele supilkite cukraus sirupą. Plakite dideliu greičiu mažiausiai 5 minutes, kol mišinys atvės. Jis bus lygus, o pakėlus šaukštu ar mentele, susidarys standžios smailės.

100. Crème au Beurre à la Meringue / Meringue Butter Cream

INGRIDIENTAI:

- 2 puodeliai (12 uncijų) pusiau saldaus šokolado gabaliukai, ištirpinti su 3 Tb stiprios kavos arba romo
- 1 Tb vanilės ekstrakto
- ½ svaro (2 lazdelės) minkšto nesūdyto sviesto

INSTRUKCIJOS:

a) Į vėsų meringue mišinį įmaišykite ištirpintą šokoladą ir vanilę. Palaipsniui įmuškite sviestą. Sviestinį kremą atšaldykite iki lengvai tepamos konsistencijos. (Likęs sviestinis kremas gali būti užšaldytas.)

RĄSTO PILDYMAS IR ŠALDYMAS

b) Pusę įdaro paskleiskite ant biskvito lakšto ir susukite, pradedant nuo vieno iš trumpųjų galų. (Jei dar nesate pasiruošę užšaldyti, suvyniokite ir atvėsinkite.)

c) Kai būsite pasiruošę užšalti, nupjaukite du pakraščio galus, kad atrodytų kaip pjautas rąstas. Šakoms pyrago paviršiuje išpjaukite maždaug ½ colio gylio skylutes; įdėkite 2 colių ilgius nuo nukirptų galų. (Nedarykite šakų per ilgų, kitaip jos neatlaikys glaisto.) Tortą perkelkite į serviravimo lentą arba stačiakampį indą. Po torto šonais ir galais įkiškite vaškinio popieriaus juosteles, kad patiekimo lenta nenukristų; nuimti po glaisto. Tada maža mentele arba konditeriniu maišeliu su juostele uždenkite pyrago viršų ir šonus, o abu galus palikite neapšalusius. Šaltą sutrinkite šakute arba mentele, kad gautumėte žievės efektą. Šaldykite, kad sustingtų glazūra.

MERINGŲ GRYBAI

d) Įkaitinkite orkaitę iki 200 laipsnių.

e) Nedidelę kepimo skardą lengvai patepkite sviestu, paviršių apvoliokite miltais ir nuvalykite perteklių. Išmeskite rezervuotą meringue mišinį per konditerinį vamzdelį su 3/16 colių vamzdelio anga arba numeskite arbatinio šaukštelio galą ant kepimo skardos, taip suformuodami ½ colio kupolus grybų kepurėlėms ir smailius kūgius stiebams. Turėtumėte turėti 10 arba 12 kiekvieno. Kepkite 40–60 minučių, kol išgirsite, kaip švelniai traška burės. Jie paruošiami, kai išdžiūsta, ir kai lengvai nulipa nuo kepimo skardos. Norėdami surinkti, kiekvieno dangtelio apačioje pradurkite skylutę, užpildykite sviestiniu kremu ir įkiškite kotelį.

SUKURTAS-CUKRAUS SAMANOS

f) Tarp dviejų kėdžių padėkite alyvuotos šluotos rankeną ir ant grindų padėkite daug laikraščių. Virkite ½ puodelio cukraus ir 3 šaukštus vandens, vadovaudamiesi itališkomis meringue instrukcijomis, kol cukrus taps šviesios karamelės spalvos. Leiskite sirupui atvėsti kelias sekundes, kol šiek tiek sutirštės, tada įmerkite šakutę į sirupą ir pamojuokite šakute ant šluotos rankenos; sirupas sudarys siūlus ant rankenos.

BAIGIAMOSIOS Puošybos

g) Į rąstą įspauskite grybų grupes visur, kur, jūsų manymu, turėtų augti grybai, ir pabarstykite lengvais kakavos dulkėmis, suplakta per sietelį. Pabarstykite trupučiu cukraus pudros ant rąsto, kad gautumėte sniego efektą.

h) Jei norite, papuoškite bugiene ar lapeliais, o strateginėse vietose apibarstykite cukruotomis samanomis. (Galutinės dekoracijos daromos prieš patiekiant, nes rąstas turi būti šaldytuve iki paskutinės akimirkos.)

IŠVADA

Apibendrinant galima pasakyti, kad prancūziški kepiniai siūlo nuostabią meniškumo ir skonio sintezę, kuri žavi pojūčius ir džiugina gomurį. Kiekvienas pyragas – nuo kuklios batono iki įmantrios „mille-feuille" – pasakoja apie šimtmečių senumo tradicijas ir aistrą meistriškumui. Įvaldę technologijas ir įsisavindami prancūziško kepimo dvasią, galite įnešti į savo virtuvę elegancijos ir atlaidumo, sukurdami nepamirštamų akimirkų sau ir savo artimiesiems. Taigi, surinkite ingredientus, įkaitinkite orkaitę ir leiskitės į kulinarinį nuotykį, kuris švenčia nesenstančią prancūziškos konditerijos gaminių žavesį. Gero apetito!

www.ingramcontent.com/pod-product-compliance
Lightning Source LLC
Chambersburg PA
CBHW071303110526
44591CB00010B/763